中国青少年体育运动项目训练教学系列大纲

中国青少年激流回旋训练教学大纲

ZHONGGUO QINGSHAONIAN JILIUHUIXUAN XUNLIAN JIAOXUE DAGANG

国家体育总局青少年体育司
国家体育总局水上运动管理中心 编

北京体育大学出版社

策划编辑　木　凡
责任编辑　吴光远
特约审稿　刘　丹
审稿编辑　梁　林
责任校对　李志诚
版式设计　小　小

图书在版编目（CIP）数据

中国青少年激流回旋训练教学大纲/国家体育总局青少年体育司，国家体育总局水上运动管理中心编．—北京：北京体育大学出版社，2017.12
ISBN 978－7－5644－2842－6

Ⅰ.①中… Ⅱ.①国… ②国… Ⅲ.①青少年－皮艇运动－运动训练－教学大纲－中国 Ⅳ.①G861.42－41

中国版本图书馆 CIP 数据核字（2018）第 011595 号

中国青少年激流回旋训练教学大纲

国家体育总局青少年体育司
国家体育总局水上运动管理中心　编

出　　版：北京体育大学出版社
地　　址：北京市海淀区信息路 48 号
邮　　编：100084
邮 购 部：北京体育大学出版社读者服务部 010－62989432
发 行 部：010－62989320
网　　址：http://cbs.bsu.edu.cn
印　　刷：北京虎彩文化传播有限公司
开　　本：880×1230 毫米　1/32
成品尺寸：148×210 毫米
印　　张：3.75
字　　数：96 千字

2018 年 1 月第 1 版第 1 次印刷
定价：20.00 元
（本书因印制装订质量不合格本社发行部负责调换）

修订版序

竞技体育后备人才培养是体育事业可持续发展的重要前提和基础，一直受到国家体育总局的高度重视。2005 年，为进一步加大业余训练指导力度，我们组织力量编写了 26 个项目的《中国青少年体育运动项目训练教学大纲》（以下简称《大纲》）。多年来，各级体育部门紧紧围绕《大纲》要求，以提高质量效益为核心，大力推行科学训练，切实加强业余训练的标准化和常规化管理，取得了积极的发展成效。2012 年伦敦奥运会中国代表团获得 88 枚奖牌和 2014 年索契冬奥会中国代表团获得 9 枚奖牌的运动员全部来自各级体校。各级各类体校每年向高等院校输送 3 000 ~ 5 000 名体育特长生，为社会培养近万名中等体育专业人才和 4 万余名体育骨干，发挥了推动体育事业全面进步的多元功效。

当今中国体育正处于从体育大国向体育强国迈进的重要历史时期，既面临着经济发展、社会进步、文化事业繁荣发展的大好机遇，又面对着社会转型加剧、体制改革深化的挑战，特别是各级体校办学难、招生难、出路难等问题长期无法解决，竞技体育后备人才培养工作已经受到不小的冲击。进一步解放思想，深化体制机制改革，转变发展方式，已成为新时期业余训练从根本上摆脱困境的当务之急。为更好地适应新的形势发展要求，培养更多高质量的竞技体育后备人才，经总局批准，将在“十二五”期间组织力量完成全部奥运项目的《大纲》修订工作。此次修订工作是在原《大纲》的基础上进行的，本着实用、科学、规范的原则，力求实现《大纲》编写的科学性、先进性、可操作性和系统性，确保基层的训练单位能够实施、使用。

修订后的《大纲》充分贯彻了以人为本的科学发展理念，详细规划了青少年训练的全过程，着力总结了项目的培养规律，系统完善了训练的内容与考核体系，全面更新了项目的训练理念、方法，与修订前相比更加科学、更加系统、更加先进，更加实用，同时突出了运动员文化学习时间保障，较好地落实了中央关于加强运动员文化教育的相关政策要求。新《大纲》的出版发行，必将促进各项目业余训练水平在新起点上实现新的提升。

衷心希望修订后的《大纲》能迅速渗透到各地业余训练的实践中，在充分发挥应有的指导作用，确保业余训练多出人才、出好人才的同时，为后续项目的修订工作提供更加丰富的借鉴和参考。

感谢为修订《大纲》奉献辛勤劳动的所有人员！

也祝愿中国青少年体育后备人才培养工作再上新台阶！

国家体育总局副局长　冯建中

2014 年 4 月

出版说明

《中国青少年体育运动项目训练教学系列大纲》（以下简称《大纲》）是对开展青少年运动员培养工作的依据和规划性、指导性文件，是帮助和支持教练员进行科学化训练的有力工具，关系着我国竞技体育的持续发展。2005 年国家体育总局竞技体育司组织编写了 26 个奥运项目的《大纲》，并于 2008 年出版发行。经过近 4 年的实践应用，取得了良好的训练效果，但也暴露出一些不足。与此同时，我国社会发展也产生了深刻的变化，更加注重青少年运动员的全面发展。2010 年 5 月，国家体育总局青少年体育司成立后，根据《青少年体育十二五规划》的要求，决定陆续对各项目《大纲》进行重新修订，更新训练理念，以促进我国青少年竞技体育后备人才培养的可持续发展。

2011 年 3 月，经总局批准正式成立了《大纲》修订委员会和《大纲》修订专家指导组。一年来，专家组成员多次到基层开展调研，获得了大量关于基层青少年训练的第一手资料，了解了原《大纲》在基层青少年训练过程中的使用情况，以及训练现状，为后续的工作开展奠定了坚实的基础。同时还组织人员翻译整理欧美等多个体育发达国家关于青少年体育人才培养的材料。经过几个月的实地调研与充分论证，在借鉴国外体育发达国家青少年后备人才培养模式与方法的基础上，再认真解读 2008 版《大纲》并结合我国的国情与当前政策，于2011年5月，先后拟定了《大纲修订工作计划》《大纲编写指导意见》《大纲修订模板》等指导性文件。

在《大纲》修订过程中，本着实用、科学、规范的原则，我们注重抓了以下四个环节。

1. 力求《大纲》的科学性

为了力求做到《大纲》的科学性，在编写前期针对青少年的生理、心理、认知特征等方面进行全面的理论研究，系统梳理各项目竞技能力发展的敏感期，从而切实明确青少年各年龄段的成长发育规律，以及各项目青少年运动员的成才培养规律；不同年龄阶段的训练任务、内容、要求以及考核标准；不同年龄段的心理变化特点；青少年运动员的选材；教练员在训练过程中的训练学要点与教育学指导方法等。同时深入了解美国、德国、英国、日本等国家的青少年训练大纲与计划指导纲要，紧紧抓住项目的发展特点和最新趋势。

2. 保证《大纲》的先进性

《大纲》面向的对象是青少年运动员以及他们的教练员，其最终目标是培养未来的高水平运动员，它是我国竞技体育持续发展的重要保障之一。因此，编写组不仅全面了解和把握了各项目现阶段的水平与要求，还对未来十几年各项目发展的趋势进行了认识和判断。

3. 加强《大纲》的可操作性

要充分发挥《大纲》的效用，必须加强可操作性。编写组在全面深入研究相关基础理论的基础上，针对不同年龄段的训练对象，提出了切实可行的、具有一定指导意义的纲领性要求，同时又详细阐明具有很强操作性的基本训练思想（理念）、训练目标、训练内容与任务、手段与方法、训练过程中的负荷特点、训练过程的组织等一系列具体的建议与要求。

4. 提高《大纲》的系统性

要提高《大纲》的科学性、先进性与可操作性，就必须提高系统性。在修订过程中，编写组对当前各项目的发展趋势、我国现阶段青少年后备人才培养的中长期规划、青少年训练的现状，青少年身体发育特点、各项目的成才规律，各年龄段的划分、训练任务、训练内容、训练要求、组织方法、训练手段、训练负荷安排，考核内容、考核要求、考核标准等方面进行了认真研究，力争做到整个《大纲》体系重点突出，详略得当，保证青少年运动训练的每个阶段都在科学、系统的指导下完成，提高成才率。

本次《大纲》的修订主要体现了三个显著特点：一是针对青少年运动员群体的特点，规定了运动员的训练时数，避免因训练时间过长而影响文化课的学习；二是在《大纲》修订人员的组成上，既有国家队教练员，又有基层教练员和科研院校的专家学者，不仅保证了《大纲》的前瞻性，而且体现了我国青少年训练的现实需求；三是本次《大纲》非常重视青少年运动员考核体系的制定，对项目的考核指标进行了精细筛选，对各项指标的评价标准进行了反复验证，以充分发挥考核体系的导向作用。

本次《大纲》的修订旨在明确青少年训练的指导思想，提高训练的科学性，满足我国竞技体育可持续健康发展的要求，同时也为业余训练的评估工作提供依据。希望通过新《大纲》的实施，能够培养出水平更高、人数更多的优秀青少年体育后备人才，促进我国竞技体育健康、持续、稳定发展。

《大纲》编写组

2014 年 4 月

总编审委员会

激流回旋项目编审委员会

主　任：李全海

副主任：许四海　韩建国

委　员：刘建勇　宋广礼　李　欣　高付俊

主　编：许小冬

编　委：（以姓氏笔画为序）

刘小辉　刘海清　孙　朋　张　光

张　磊　林耀华　黄厚贵　曹永良

隋红军

前言
FORWARD

一、中国青少年激流回旋训练教学大纲的编制背景

根据国家体育总局青少司的部署，水上运动管理中心成立了《中国青少年激流回旋训练教学大纲》编写组。

根据青少司的《青少年训练大纲》修订工作的总体指导意见，本大纲力求做到以下几点。

1. 认清激流回旋项目的最新发展趋势，以及项目的本质特征，吸收激流回旋发达国家在青少年培养方面的先进经验。

2. 汇集激流回旋青少年训练的各种资料，全面了解激流回旋青少年的发育特征，及激流回旋青少年运动员的成才规律，明确激流回旋项目竞技能力发展的敏感期。

3. 合理划分激流回旋青少年运动员的各个年龄阶段，规划各年龄段中的训练任务、训练目标、训练方法等内容，以期实现训练目标的精确化、训练任务的合理化、训练方法手段的科学化、考核评价内容的公正化。

二、中国青少年激流回旋训练教学大纲的编制说明

本次修订是在《全国青少年奥运项目教学训练大纲（激流回旋2008年版)》的基础上进行的。

根据国家体育总局青少司的整体要求，重新调整了原大纲的结构和部分内容。在编写过程中，课题组多次召开专家组会议和编写组会议，在充分调研的基础上确定大纲修订的结构和内容。突出表现在以下方面：力求科学性，理论与实践并行，针对青少年生长发

育特点；更具系统性，分层阐述各个不同年龄阶段、各个不同的竞技能力的训练特点与要求；更有可操作性，详细阐述训练目标、任务、内容、方法、负荷等。

三、中国青少年激流回旋训练教学大纲的使用说明

《大纲》是全国青少年激流回旋运动队训练的指导性文件，适用于全国各省、市、自治区青少年队、各级俱乐部青少年队、体育运动学校、竞技体校、传统项目学校，也可供各级学校激流回旋运动训练教学时参考使用。由于各地区、各运动队的条件不同，使用时可根据具体情况做适当调整。

《大纲》关于年龄阶段的划分参考了《全国青少年奥运项目教学训练大纲（激流回旋，2008年版)》，并结合我国激流回旋开展的现状，将青少年激流回旋运动员的训练划分为4个年龄组：9岁以下、10～12岁、13～15岁、16～18岁。在实际训练中，可以根据运动员的特殊情况，如性别、水平、接受能力、自身条件等，在保证基本训练步骤的前提下，做相应调整。

《大纲》虽经数次讨论、几易其稿，但仍会存在不足之处。各省激流回旋运动队在执行过程中，如发现问题，请及时向国家体育总局水上运动管理中心提出修改和补充意见，以备日后进一步完善。

四、致谢

《大纲》修订工作在国家体育总局的指导和部署下、在水上运动管理中心的组织和领导下进行，同时得到了各省激流回旋运动队教练员的大力支持和配合，北京体育大学研究生曲喜峰、覃丽凤、陈海湾、邹凯强、蒋丽萍、李荣帅，以及广东省体育科学研究所李吉如的倾力协助，并得到香港林凤鸣女士所赠画作，在此一并表示感谢。

《大纲》编写组

2015年11月17日

目　录
CONTENTS

第一部分 总 则

一、激流回旋运动的特征与最新发展趋势

激流回旋是竞速项目。比赛时要求运动员在人工或天然障碍物的湍急水流赛道（250～350米）内，持桨驾驶皮划艇，力求用最短的时间，按照规定的顺序，准确无误地通过设计的18～25个水门①，最终以划行时间的长短、犯规罚分的多少决定比赛名次，用时少者为优胜。比赛时间约为90～110秒。

（一）激流回旋项目的特征

皮划艇激流回旋比赛，最终是以完成比赛时间的快慢，决定比赛的胜负。因此，它是速度性项目，但是它不是简单的速度性项目，而是高级的、复杂的竞速项目。这种竞速需要体能、技术、智力、心理和配合（双划）的最佳组合发挥作支撑。

1. 体能要求全面

激流回旋项目要求运动员必须具备全面的身体能力。包括有氧基础耐力、无氧耐乳酸能力、强大的相对力量（即克服自身体重的

① 在18至25个水门中，6至7个为逆水门，即逆流而上的回旋标杆（呈现红白色），余下为顺流而下的直径标杆（呈现绿白色）。

最大力量）、躯干核心力量、全身小肌肉群的协调控制力量和速度爆发力量等。

2. 技术要求复杂

在皮划艇激流回旋比赛中，运动员要在湍急（水流量为 13～18 立方米/秒）、瞬间变化的水流中准确、快速地穿越特定的水门，要求运动员操桨技术精准、动作控制能力强。

3. 智力要求更高

激流回旋比赛时，运动员要在急速变化的水流、多变的布门、多种线路选择中瞬间做出决策，不仅需要具备超强记忆能力，还要具备超强应变能力。在变化复杂的激流中、突发的情况下，快速、准确地选择划行线路，随机灵动地应用技术。

4. 自我心理控制能力要求更强

激流回旋比赛时，运动员是分别出发，独自完成比赛。比赛时最大的对手就是自己。要求运动员必须具备“以我为主、聚精会神、心无旁骛”的高度专注力；“排除干扰，处惊不乱”的心理自我调控力；“胆大心细、顽强拼搏”的坚强意志力，以及和保持高速划行的本体感知力，使人、艇、桨成为有机的运动整体，以最快的速度完成比赛。

5. 配合要求更加默契

激流回旋项目双人划艇的配合，既要有套路组合，更要有心意组合。这类配合不仅要求运动员具有多人组合竞速项目配合的协同性；又要有对抗性项目配合的及时性、精准性；更要有在不断变化、非平衡环境中求得平衡的、形成合力的心有灵犀的默契性和互补性。

6. 项目要求高级、复杂

激流回旋项目的高级复杂性本质，是体能、技术、战术、心理、知识能力 5 个主体方面的相互统一和协同发展的高要求复杂性项目。

它既有径赛800米、游泳200米比赛时的生理机能反应特征；又有杂技、体操、跳水项目的精准技术标准特征；也有乒乓球、拳击、柔道等项目随机应变发挥技术特征；更有射击、射箭等项目的心理控制特征。

总之，对激流回旋项目本质的认识，不能停留在单一能力主导的认识观上。即我们不能仅从单个指标来阐释激流回旋的项目特征，而是要从系统的、全面的、深层次的角度来认识。

（二）激流回旋的世界格局

1. 当今世界格局以及目前发生的变化

目前激流回旋发展水平较高的国家主要在欧洲，如法国、英国、意大利、德国、捷克、澳大利亚、斯洛伐克、西班牙等。

在2012年伦敦奥运会激流回旋比赛中，共有3个国家获得金牌，8个国家获得奖牌。世界激流回旋的实力中心仍在欧洲。亚洲除中国以外，没有其他国家进入前八名。奖牌分布和实力格局见表1－1、表1－2。

表 1-1　2012 年伦敦奥运会激流回旋各国奖牌数

奖牌＼国家	法国	英国	意大利	德国	捷克	澳大利亚	斯洛伐克	西班牙
金牌	2	1	1	-	-	-	-	-
银牌			1	1	1	1		
铜牌				1			2	1
奖牌合计	2	1	2	2	1	1	2	1

表 1-2　2012 年伦敦奥运会激流回旋各小项获得奖牌的国家

奖牌＼国家	男子双划	男子单划	男子皮艇	女子皮艇
金牌	英国	法国	意大利	法国
银牌	英国	德国	捷克	澳大利亚
铜牌	斯洛伐克	斯洛伐克	德国	西班牙

2. 中国激流回旋项目在世界格局中的位置

在 2009—2012 年伦敦奥运周期，中国激流回旋国家队参加的国际比赛有：世界杯（2009 年、2011 年）、世锦赛（2009 年、2010 年、2011 年）、伦敦奥运会（2012 年）。中国队参赛最好成绩如下。

奥运会（2012）：男子双划第 6 名（胡明海/舒俊榕），男子单划第 12 名（滕志强）、男皮第 17 名（黄存光）、女皮第 17 名（李晶晶）。

世锦赛（2011）：女子单划第十二名（李晶晶），男子单划第六名（滕志强）。

世界杯（2011）：男子单划第八名（滕志强）、女子单划第九名（滕千千），男子双划第十名（胡明海/舒俊榕），女子皮艇第十六名（李晶晶）。

亚锦赛（2012）：中国队获得 17 枚金牌、10 枚银牌、7 枚铜牌。

青奥会（2010）：男子皮艇第一名（王晓东）。

青奥会（2014）：男子皮艇第三名（黄松）。

世青赛（2010）：女子单皮第二名（滕千千），女子单划艇第五名（李露）。

世青赛（2013）：单项赛：男子双划、男子单皮各有两条艇进入半决赛。团体赛：男子双划团体第四名，女子单皮团体第四名，女子单划团体第六名，男子单皮团体第十一名，男子单划团体第十一名。

（三）激流回旋的发展情况

1. 世界激流回旋项目发展情况

激流回旋项目在 20 世纪 40 年代后期起源于欧洲，1972 年首次成为夏季奥林匹克运动会的正式比赛项目，1992 年开始成为夏季奥运的常规比赛项目，中国自 1999 年 11 月正式开展激流回旋皮划艇项目。目前，激流回旋在奥运会上共设有 4 个比赛项目，分别是男子单人皮艇（K1）、男子单人划艇（C1）、男子双人划艇（C2）和女子单人皮艇（K1）。

皮划艇激流回旋项目具有很强的刺激效果和观赏性，目前在欧美国家非常盛行。1992 年巴塞罗那奥运会至今，激流回旋以其独特的项目魅力，一直被列为现代奥运会的正式比赛项目。据统计，在2000年悉尼奥运会、2004年雅典奥运会、2008年北京奥运会上，激流回旋项目比赛的电视收视率，一直位列奥运会比赛电视收视率的前四名。

目前，国际皮划艇联合会会员国已达112个。国际划联每年组织3~5次世界杯比赛、1次世界锦标赛、1次世界青年锦标赛。同时，世界各大洲也均成立了皮划艇联合会，每年负责组织1次洲际激流回旋锦标赛。在竞技水平发展方面，目前世界上发展水平较高的国家主要在欧洲，如斯洛伐克、法国、德国、捷克等。

2. 中国激流回旋项目发展情况

中国自1999年11月正式开展激流回旋皮划艇项目，至今历时12年，经历了3个发展阶段。

（1）起步阶段（1999年11月—2005年10月）

我国皮划艇项目发展的起步阶段非常艰难，项目发展和运动员竞技能力的提高均比较缓慢。场地设施等硬件落后，教练员训练理念和方法、运动员先天条件等软件不足。

在2001—2005年期间，一些省市运动队先后派遣运动员、教练员到欧洲激流强国短期的学习和训练。个别省队定期或不定期聘请国外教练来华训练指导（包括世界优秀教练员德国的昆特、法国的多尼等），对中国激流回旋项目的发展，起到了积极的促进作用。

中国激流回旋项目于2004年首次获得女子单人皮艇和男子双人划艇两个小项的奥运会参赛资格，并参加了2004年雅典奥运会。最终，男子双人划艇获得第十三名（共有13条艇参赛）；女子单人皮艇获得第十七名（共有18条艇参赛）。

（2）发展阶段（2005年11月—2009年10月）

借助举办北京奥运会的“东风”，在2005年11月—2009年10

月期间，我国激流回旋项目进入快速发展阶段。国家激流队聘请外教来华执教，并开始系统、深入地整理和总结他们的激流回旋训练理念、训练计划、训练方法、周期安排等核心训练内容。同时，国家激流队也采取了“进一步走出去”发展策略。

中国运动员的竞技能力和竞技水平也得以快速发展。2006 年男子双人划艇、女子单人皮艇首次打入世界杯决赛前十名。2007 年，男子双人划艇首次获得世界杯比赛的铜牌；女子单人皮艇获得“好运北京”奥运会测试赛铜牌。2008 年，男子双人划艇获得澳大利亚公开赛冠军，世界杯比赛银牌；女子单人皮艇获得世界杯比赛银牌。在 2008 年北京奥运会上，获得男子双人划艇第十名（共 12 条艇参赛），女子单人皮艇第十三名（共 21 条艇参赛），男子单人划艇第十一名（共 16 条艇参赛），男子单人皮艇第二十一名（共 21 条艇参赛）的比赛成绩。然而，在一些重大的国际性比赛中运动员竞技水平发挥很不稳定。

（3）提高阶段（2009 年 11 月至今）

在备战 2012 年伦敦奥运会期间，中国国家激流队系统梳理和总结 2008 奥运周期的经验和教训，通过 2009—2010 年冬训，使运动员的竞技能力又得到快速提升。在 2010 年世界杯比赛中，中国男子双人划艇、女子单人划艇分别斩获冠军，实现了激流回旋项目国际重大比赛金牌零的突破。在 2012 年伦敦奥运会上，男子双人划艇获得第六名，实现了奥运会比赛成绩新的历史进步。2010 年首届新加坡青奥会，王晓东获得激流回旋男子皮艇冠军。这也是中国水上项目第一枚青奥会金牌。

目前，我国共有 12 个省市（辽宁、福建、河南、山东、广东、湖北、湖南、四川、贵州、云南、西藏、甘肃）开展皮划艇激流回旋运动，并组建了专业运动队。

（四）激流回旋项目在规则、技术革新、训练模式等方面的变化

几年来，激流人对项目特点的认识发生了较大的变化。从而也带来了中国教练员的执教理念、执教能力和训练方法的变化。

1. 激流回旋项目的本质特点

高级复杂性本质，是体能、技术、战术、心理和知识能力 5 个主体方面的相互统一和协同发展的高要求复杂性项目。

2. 激流回旋项目体能、技术、战术、心理、知识能力各类属特征之间关系

（1）体能是技术的基础

全面、良好的身体素质能力是激流运动员发挥技术水平、心智能力，达到最佳竞技状态的基础和保障。

（2）技术是体能的保障

运动员只有具备良好的专项技术，才能使比赛时的划桨效果和体能发挥实现节能化、效益化和适宜化。否则，在湍急、变化的激流中，不仅会造成“事倍功半”的体能浪费；甚至会造成用力过大或用力过小的发力错误，造成碰门或漏门，导致整个比赛的失利。因此，运动员只有具备扎实、娴熟、灵活的专项技术，才能使体能在变化多端的湍急水流中得到最大限度的发挥。

（3）心智能力是比赛制胜的根本

激流回旋运动是在复杂、变化、非平衡的湍流环境中进行的，比赛时运动员要以最快的速度，按照规定的方向穿越规定的多个水门完成比赛。不仅要求运动员具有勇敢、顽强的拼搏精神；更要有清晰、准确记忆水门和基本划行路线的超强记忆力，快速、精准的

线路选择判断力；灵活、正确、果断运用技术的随机应变力；专心致志、心无旁骛的思想专注力；遇到碰门或划行线路偏差时，沉着、冷静、处惊不乱的心理调节控制力。只有这些复杂心智能力的良好发挥，才能保障体能、技术能力的完美发挥。

3 “认知能力”对皮划艇激流回旋运动员竞技能力的重要作用

“认知能力”是激流回旋运动员其他竞技能力发展的基础和保障。认知能力的高低，决定身体能力、技术能力、战术能力和心智能力。激流回旋皮划艇项目运动环境复杂；运动时受各种因素影响较大（包括运动器材、赛道难度、气候条件）；运动员各项子竞技能力之间的联系更加紧密。因此，对项目本质特征和项目训练本质规律的正确认识，是激流回旋运动员建立正确训练方向，提高训练效率，快速提高自身竞技能力的基础和根本。

4. 激流回旋项目的竞技要求

由于激流回旋项目是一个受比赛环境条件影响很大的竞技体育项目，世界上没完全相同的两个激流回旋比赛场地，即使外形相似其比赛场地内各段落内的落差、水流量、水流形态和变化也完全不同。然而，虽然激流回旋比赛场地水流各不相同、变幻莫测，但激流回旋运动员的核心制胜因素是不变的，无论外界和场地因素如何变化，只要熟练把握“制胜因素”就会最终取得比赛的优胜。

激流回旋项目的制胜核心因素可以凝练为：“快、圆、准、平、敏、强”。

“快”是指：强化运动员速度意识。比赛时，应以速度为核心，始终努力保持船艇快速行进。

“圆”是指：运动员在比赛中，其设定的划行线路一定要“圆滑、流畅”。

“准”是指：运动员划行线路、船头朝向和插桨位置要准确。

“平”是指：运动员在激流中，在整个划行过程中，应始终努力保持船体水平，以减少船体受阻面积，提高划桨效果，保证人船的快速行进。

“敏”是指：运动员在回旋和划行时，完成关键技术动作和发力的灵敏、果断和到位。

“强”主要强调的是：激流回旋运动员必须具备强大的体能基础和强大的划船专项力量，才能在高水平国际比赛中，保证船艇快速前进和保障技术的稳定发挥，从而赢得比赛的胜利。

虽然这6个制胜因素有不同的内涵，但它们又紧密相关、互为因果、相辅相成。其中，“快”是核心点和落脚点，是上位要素；“圆、准、平、敏、适”是“快”的下位要素，是保障“快”的基本因素。

二、青少年激流回旋训练的总体目标

（一）青少年阶段激流回旋运动员训练的最终总体目标

通过青少年时期的训练，激流回旋运动员要达到的竞技水平如下。

（1）具备全面的基本专项素质，身体健康。

（2）掌握激流多艇种的基本划船技术，有一定专项特长。

（3）控船技术熟练，人船水桨协调统一。

（4）具备水流基本分析能力，可以独立设计划行线路。

（5）心理稳定，训练刻苦，自我控制能力强。

（6）有良好参赛经验。

（7）专业发展志向明确、坚定，社会责任感强，团结协作。

（二）不同年龄阶段激流回旋运动员训练的总体目标

1. 游泳自救；2. 水感船感；3. 身体；4. 船艇装备使用；5. 技术；6. 战术：水流/读水/线路；7～9. 心理：兴趣动机志向，心理技能，品质；10. 文化；11. 参赛。表1－3为不同年龄阶段激流回旋运动员的训练目标。

表1－3 不同年龄阶段激流回旋运动员的训练目标

年龄阶段	基础教育阶段 （9岁以下）	基础训练阶段 （10～12岁）
训练目标	1. 培养自救能力 2. 学会游泳、熟悉水性 3. 提高协调、灵敏、柔韧 4. 了解船艇装备 5. 体验静水划船的技术 6. 初步了解水流划船知识 7. 培养运动和水流兴趣 8. 培养一般运动心理品质 9. 培养尊重、守纪、友爱 10. 培养好奇的品质	1. 缓流自救能力 2. 培养水感和船感 3. 发展全面身体素质 4. 发展协调能力、有氧耐力 5. 使用船艇装备 6. 掌握静水基本划船技术，为进入缓流训练打好基础 7. 培养观察分析水流的能力 8. 培养划船兴趣 9. 培养一般运动心理品质 10. 自我管理能力 11. 培养学习兴趣

续表

年龄阶段	专项准备阶段（13～15岁）	竞技能力的发展和提高阶段（16～18岁）
训练目标	1. 激流自救能力 2. 强化水感和船感 3. 发展有氧能力和速度、柔韧等身体素质 4. 学习保养船艇装备技术 5. 掌握缓流划船技术，为进入激流训练打好基础 6. 掌握读水和划行线路设计 7. 培养对激流运动的喜爱、勇敢 8. 培养参赛心理技能 9. 良好生活习惯，积极向上的人生观 10. 提高学习能力 11. 培养竞争意识，通过全面考核	1. 多种自救能力 2. 提高控船能力 3. 发展全面专项素质 4. 掌握保养船艇装备技术 5. 掌握激流基本划船技术 6. 熟练掌握控船技术 7. 提高读水、线路设计能力 8. 建立专项发展志向 9. 强化参赛心理技能 10. 培养职业和社会责任感 11. 养成学习习惯 12. 发展综合竞技能力，提高比赛成绩

三、青少年激流回旋训练的指导思想

（一）青少年阶段激流回旋训练整体指导思想

1. 在充分理解青少年心理发展规律的基础上，逐步激发青少年的训练兴趣、激励训练动机、树立专业志向。

2. 在充分理解青少年身体生长发育规律、保障健康的基础上，循序渐进、因人而异，逐步全面发展身体素质、划船技术、读水和设计线路的能力。

3. 在充分理解运动训练原则、激流回旋专项特点的基础上，突出发展基础运动能力、规范静水、缓流和激流的基本划船技术。

4. 在吸收国内外激流回旋专项训练的理念、内容和方法的基础上，提高训练质量，加强科学训练。

5. 在提高青少年激流回旋竞技能力的同时，要保证他们的文化课学习、身体和心理的健康发展。

6. 在充分把握青少年选材要求的基础上，测评与调控青少年运动员训练效果，选出激流回旋的优秀后备人才。

（二）不同年龄阶段，青少年激流回旋运动员训练的具体指导思想

1. 游泳自救；2. 水感船感；3. 身体；4. 船艇装备使用；5. 技术；6. 水流/读水/线路；7. 兴趣动机志向；8. 心理技能；9. 品质；10. 文化；11. 比赛。表 1 – 4 为不同年龄阶段激流回旋运动员训练的指导思想。

表 1 – 4　不同年龄阶段激流回旋运动员训练的指导思想

	基础教育阶段（9 岁以下）	基础训练阶段（10～12 岁）	专项准备阶段（13～15 岁）	竞技能力的发展和提高阶段（16～18 岁）
指导思想	学会安全自救 注重游戏娱乐 培养划船兴趣 打好全面基础 争取家长支持	完善自救技术 强化划船兴趣 规范静水技术 掌握缓流技术 了解水流知识 夯实全面基础 建立团队意识	掌握激流自救 培养积极动机 发展专项素质 掌握缓流技术 体验激流技术 提高读水能力 培养心理品质 巩固全面基础 培养竞争意识	明确发展志向 夯实专项素质 掌握激流技术 形成专项特长 提高心理稳定 积累参赛经验 发展综合能力

四、青少年激流回旋训练的基本原则

青少年处于身体发育期，生理机能、心理特征、认知能力等各方面都在发生深刻的变化（详见基础篇）。

为了最有效地控制运动训练过程的实施，达到最佳的训练效果，在儿童、青少年的训练阶段中，必须根据他们的生理和心理特点，遵循以下的基本训练原则。

（一）趣味性原则和动机激励原则

1. 原则依据

从动机形成看，兴趣是少年儿童自觉学习和训练的最大动力。他们参加活动的原因多数是出于自然环境和社会环境，以及父母、亲友、教师的影响，不是普遍尝试后的选择。

在基础教育阶段（9 岁以下），儿童少年对运动的直接兴趣占主要成分，如身体和情绪上的快感。进入到基础训练阶段（11 ~ 13 岁），他们对所从事运动活动的认识逐渐加深，对运动激烈性、紧张性的情绪体验更加丰富，并产生专项兴趣。进入专项准备阶段（14 ~ 15 岁），他们从事运动的动机有明显的社会意义，产生创造优异成绩、争取集体荣誉的动机。

2. 原则释义

趣味性原则就是设计多样富有兴趣的游戏，结合到日常训练任务中。动机激励原则就是通过各种方法和途径，激励运动员主动从事艰苦训练的动机和行为。

3. 原则应用

启发儿童参加训练活动的兴趣，设计有趣味性的训练活动。如：水上漂浮物游戏、玩浪等。启发少年运动员的积极性和主观能动性，培养他们的独立思考能力、创造能力、自我调控能力等。要引导、建立积极的训练动机。

（二）直观性原则

1. 原则依据

从思维特点看，低年龄儿童（7～9 岁）的思维以形象思维为主，并带有很大的依赖性和模仿性。高年级儿童（10～12 岁）能够以抽象概念做推理、评价是非，有喜欢争辩、提出不同见解的倾向。之后，逐渐过渡到抽象思维占据主要地位。直观性原则对少年儿童运动员的早期训练尤为重要，具有的突出作用。

2. 原则释义

直观教学法是以形象思维为基础而确立的训练教学方法，如采用动作示范，看图片、录像等直观方法。

3. 原则应用

要注重示范的正确性，善于运用多媒体教学手段，各训练主管部门也应为此积极创造相应的物质条件，并建立相应的管理、培训和督促机制。

（三）因材施教、区别对待原则

1. 原则依据

从个体差异看，儿童、青少年阶段是个体差异及其变化最活跃和不稳定的时期。同时，随着竞技能力的发展，个人特点也越来越明显。只有遵循因材施教、区别对待原则，实施个体化训练。才能达到最佳化训练效果。

2. 原则释义

因材施教、区别对待原则就是针对每一个运动员所处的生长发育阶段、运动员的形态、技能、身体素质、智力、心理和思想作风等各方面的特点，采用适合不同个体的训练方法。例如，设计不同的训练内容、方法、负荷、形式，确立适合其个体发展特点的训练模式。

3. 原则应用

要科学诊断运动员个人特点，针对性地组织训练。例如，年龄、性别、形态、发育状况的生物学特征；气质、性格、动机等心理学特征；家庭状况、生活习惯、文化水平等社会学特征；训练年龄、承受负荷能力等训练学特征。

青少年运动员坚实的体能基础是其未来达到最高竞技水平的重要因素。良好的体能是长期坚持高负荷训练的保障，有助于防止和减少运动损伤，延长运动寿命。

少年儿童运动员应该更多运动项目的练习，尤其要重视多安排体操训练，以有效提高他他们的肌肉协调能力、空间感知能力以及平衡能力。

在青少年时期，要打好心理训练的基础。根据运动员年龄、训练年限以及所处训练阶段的不同，安排不同比例的一般与专项心理训练。例如，基础训练阶段的少年选手，处于个性心理形成时期，随着专项训练任务的加重，可以设计安排一定比例的相应训练内容，使运动员的个性心理特征逐渐适应激流回旋专项特点。要认识到，运动员在竞赛中尤其是在高水平的激烈竞争中表现出来的某些心理障碍、心理失常、心理失控并不是到高水平的比赛时才产生的，常常是在早期训练或竞赛中未进行或未重视心理训练所留下隐患。

（四）适宜负荷原则

1. 原则依据

运动员在训练中承受了一定的运动负荷后，必然会产生相应的训练效应。但并非只要施加了负荷，就一定会产生良好的训练效应。训练负荷的安排对训练效应的好坏有着重要的影响。机体对适宜的负荷会产生良性的适应；但如若负荷过小，则不能引起机体必要的应激反应；而在过度负荷作用下则会出现劣变反应。

2. 原则释义

适宜负荷原则是指，根据运动员的现实可能和人体机能的训练适应规律，以及提高运动员竞技能力的需要，在训练中设计相应的负荷量和负荷强度。

3. 原则应用

教练员要准确把握运动训练的负荷量和负荷强度，适当运用生理生化监测运动员机体的疲劳程度。例如，血色素、血睾酮心率等指标；科学地探求负荷量度的临界值，使有机体通过“增加负荷－适应－再增加－再适应”的过程逐步产生新的生物适应现象，进而有效地提高运动员的竞技能力。

（五）循序渐进原则

1. 原则依据

从生理特点看，与成年相比，儿童青少年的身体在结构和功能上有以下不同。

（1）骨骼系统。骨骼软骨成分较多，骨密质较低，富有弹性，但是硬度较差，易弯曲和变形。同时，关节面软骨较厚，韧带伸展性大，活动范围大于成年人，在外力作用下易脱位。

（2）肌肉系统。肌肉水分较多，蛋白质与脂肪含量较少，收缩机能较弱，耐力差，易疲劳。随着年龄增长，肌肉中蛋白质含量逐渐增加，肌肉收缩力量和弹性也随之提高。肌肉发育速度随着年龄增长而加快，8～12 岁生长速度开始加快，15～18 岁增长最快；在 12～15 岁阶段，肌肉主要是纵向生长，横断面积较小，收缩力量和肌肉耐力不如成年人。

（3）心血管系统。心肌纤维短而细，肌纤维之间的间质较少，心脏重量比成人小，心收缩力较弱，心输出量较小，但新陈代谢旺盛，交感神经系统占优势，心率比成年人快。心脏功能和神经系统的调节不及成年人，但血管弹性优于成年人，血压比成年人低。随着年龄的增长，心脏的重量、容积及心率、血压不断变化，16 岁以后逐渐接近成年人水平。

（4）呼吸系统。呼吸肌力较弱，呼吸表浅，肺活量小，摄氧量低，屏气时间短，呼吸频率较快。随着年龄增长，呼吸机能逐渐提高，呼吸深度加大，频率减少，肺活量增大。在 10～11 岁和 13～14 岁摄氧量增长最为明显，16～17 岁增长开始缓慢。

（5）神经系统。神经系统是发育最早最快的器官，神经活动的兴奋和抑制过程呈不稳定状态，兴奋过程占优势，表现为活泼好动，注意力不集中，条件反射建立快、消退快、重新恢复也快。同时，大脑皮层的神经细胞工作能力低，神经活动的灵活性高。因此，易出现疲劳，但也易于恢复。

由于儿童少运动员还处于身体发育的过程中，身体承受负荷的能力还比较差，过度的负荷会对他们的内脏器官，以及支撑运动器官造成严重的损害，以至葬送他们的运动前程。

2. 原则释义

循序渐进原则是指，根据儿童青少年运动员竞技发展的长期性，以及身体能力的局限性，要循序渐进地安排训练，避免施加过大的训练负荷。

3. 原则应用

基础训练阶段（15 岁以下）青少年运动员的负荷特点是循序渐进、留有余地。这一阶段的首要训练任务是围绕未来专项竞技的需要发展协调能力和多种运动技能。在这个年龄时段，儿童少年的生理系统和心理系统的发育大都远未成熟，机体自然的生长发育需要丰富的营养支撑，他们基本素质的培养、对社会及环境的认识与适应也都需要时间、精力的必要投入。

专项提高阶段（17 岁以下）青少年运动员的负荷特点是逐年增加、逼近极限。这一阶段的训练任务是以主导竞技能力为核心全面发展专项竞技需要的各种竞技能力。此时，体能的发展要在严格的医务监督和科技保障的条件下，加大训练负荷，必要时可谨慎地探求逼近运动员承受能力的极限；技能的发展，特别是高难技术动作的训练，应该注意负荷的适宜度，以求在良好的机能状态下，准确地把握动作要领，并避免在疲劳状态下练习高难动作而易受伤。还要注意在稳定的适宜负荷下训练和提高稳定的技术把握能力，多种负荷环境中，培养在不同疲劳状态下实施各种战术计划的能力。

此外，要确立适宜的负荷增长目标，循序渐进地提高负荷量和负荷强度，注意不同训练阶段运动员负荷安排的不同要求，并对训练负荷实施科学监控。

（六）适时恢复原则

1. 原则依据

从负荷量度看，适宜的运动负荷会使运动员机体发生相应程度的疲劳，只有适时地消除这种疲劳，促进机体的良性补偿，使机体得到充分的恢复和提高，才能提高运动员竞技能力和取得理想训练效果。

2. 原则释义

适时恢复原则就是，在负荷后，通过各种手段，及时消除运动员在训练中所产生的疲劳。例如，依照训练的统一计划，适时安排必要的恢复性训练，采取有效的恢复措施。其包括训练课内的放松、拉伸，课后的营养补充、睡眠、按摩等。

3. 原则应用

积极采取加速身体恢复的适宜措施，如调整运动量和强度的训练学手段、营养恢复手段、心理暗示和放松等心理学手段、按摩等医学、生物学手段，以及保证充足睡眠。

正确认识负荷与调整、消耗与补充、疲劳与恢复是训练过程中无时不在的矛盾的两个方面，充分发挥二者的协同效应。

（七）系统训练原则

1. 原则依据

从人体生物适应过程看，通过训练提高竞技能力的过程，就是人体内部的适应性的过程。这个过程是长期的，必须通过有机体自身的各个系统、各个器官、各条肌肉乃至各个细胞的变化，一点一点地去实现人体对训练负荷的生物适应。因此，从人体生物适应的角度来看，运动员应持续地承受负荷，进行系统的训练。

2. 原则释义

系统训练原则是要求在运动训练的全过程中，必须对运动员实施的长期、系统、连贯、有序的训练控制，以获得最大的训练累积效益。例如，有氧代谢能力运动员的肌肉组织内高度的毛细血管化，不是一朝一夕所能形成的；选手之间的配合也必须经过长时间的多次练习，才能彼此建立相互协调和默契的关系，达到高度协调配合。一个优秀运动员的成长过程是在多级训练体制的精心培养下，通过多年的精雕细刻，共同打造成功的。

3. 原则应用

需要健全和完善多级训练体制，努力贯彻“思想上一盘棋，组织上一条龙，训练上一贯制”的训练要求，坚决抵制“竭泽而渔，拔苗助长”，盲目追求眼前和本部门利益的现象。

（八）健康保障原则

1. 原则依据

在积极的导向激励下，运动员会主动投入训练。不少运动员试图挑战训练负荷的极限，以求得比他人更快更大的提高，这种尝试会使运动员冒着过度训练的巨大风险；为了实现预定的训练目标，甚至在患有运动创伤和疾病时，仍要坚持训练和参加比赛，而这常常会导致运动员伤病加剧，甚至严重影响健康，这就违背了从事体育运动的根本宗旨。所以，要认真贯彻健康保障训练原则。

2. 原则释义

健康保障训练原则是指在为运动员身心健康提供有力保障的条件下，组织运动训练活动。例如，以人为本、加强医务监督，做好目标控制、信息反馈、及时调节训练计划。

第二部分 基础篇

一、激流回旋项目的生理和心理基础

激流回旋项目所需要的生理基础和该项目要求运动员应该具备的生理（如所处于的生理发育敏感期）和心理基础（如所处于的不同阶段的心理特征）取决于该项目的特点。

如前所述，激流回旋项目不是简单的速度性项目，而是高级的、复杂的竞速项目，是体能、技术、战术、心理、知识能力 5 个主体方面的相互统一和协同发展的高要求复杂性项目。

激流回旋的本质特点可以归纳为：体能要求全面、技术要求复杂、智力要求更高、自我心理控制能力要求更强、配合要求更加默契。具体表现为：激流回旋项目既有径赛 800 米、游泳 200 米比赛时的生理机能反应特征；又有杂技、体操、跳水项目的精准技术标准特征；也有乒乓球、拳击、柔道等项目随机应变发挥技术特征；更有射击、射箭等项目的心理控制特征。

（一）激流回旋项目所需要的生理和心理基础

激流回旋项目所需要的生理基础取决于与该项目的特点。

1. 激流回旋的供能特点及其生理基础

激流回旋是的高强度体能类项目其功能特点是以无氧糖酵解供能为主的供能。比赛时，从运动时间和运动员生理生化指标的方面，该项目对体能的要求类似于800米径赛、200米游泳、1000米自行车等周期性体能类项目。良好的无氧耐乳酸能力的基础是厚实的有氧基础耐力，它是运动员在2天4轮、每轮划行100秒的高强度竞赛中，精确运用技术、保持注意力高度集中、快速恢复体能的根本保障。

这一供能特点的生理学基础主要取决于以下3点。

（1）循环系统的最大心率、运动后心率的恢复速度，以及心功能指数等。

（2）呼吸系统的肺活量和时间肺活量、最大射氧量等。

（3）神经系统的灵活性、均衡性。

2. 激流回旋的力量素质特点及其生理基础

激流回旋项目更加注重运动员的相对力量（即克服自身体重的最大力量）、躯干核心力量、全身小肌肉群的协调控制力量和速度爆发力量。

激流回旋运动员的发力过程是在变化、失衡的复杂多变水流环境中进行的，不同水流中的拉桨、拨桨、压桨、划桨技术特点有所不同。要求运动员不仅具备强有力的大肌群划桨力量和协调、控制、灵敏的小肌群功能性力量，更需要身体躯干部位的腰腹核心力量。大肌群划桨力量是运动员比赛时100～120次划桨效果的基础保障；核心躯干力量即是大肌群的发力支点，又是上下肢力量传递的“桥梁”和“纽带”。

因此，激流项目要求运动员必须综合发展。同时，强化小肌群功能性力量和发展躯干核心区力量训练，不仅能解决激流专项所需的协调、平衡、灵敏、控制能力，还能有效地防止激流专项运动伤病。

这些力量特点的生理学基础主要取决于以下 7 点。

（1）运动单元的募集。

（2）肌纤维收缩的初长度。

（3）肌肉横截面积。

（4）肌纤维类型。

（5）运动单元激活的同步性。

（6）肌肉工作的协调性。

（7）神经系统的机能状态。

3. 激流回旋的技术特点及其生理、心理基础

激流回旋项目的划桨技术结构既不是周期性的单一技术组合动作，也不同于非周期性的固定技术组合动作，它需要组合一系列基本技术、特定技术、以及随势灵动的技术。运动员要具备精准的操桨技术和强大的划桨能力。既要有杂技、花样游泳运动员的对动作的高控制力，又要有体操、跳水运动员动作的精准性，以及乒乓球、拳击运动员比赛时的随机应变的技术组合性。

以上技术特点的生理学基础主要取决于以下 6 点。

（1）人体解剖学特点。例如，关节结构、肌肉结构和功能。

（2）反应能力，即神经系统和动作的快速应答能力。

（3）协调能力，机体不同系统、不同部位、不同器官协同配合，完成技术动作的能力。

（4）平衡能力，即维持相对稳定的身体位置的时间长短。涉及本体知觉能力、多肌肉、多关节运动的相互协调能力。

（5）节奏能力，即动作在时间和力度上的变化的控制能力。涉及对肌肉用的知觉、对水环境变化的知觉。

（6）感知觉能力。

①水感能力，即运动员对水流的方向、流速等特点的知觉能力。

②船感能力，即运动员对船艇的方位、移动速度和方向等特点的知觉能力。

③空间定向能力，即对外界物体和自身的空间位置判断的准确性。涉及神经系统准确地控制肌肉动作。

④时间感知能力，即对动作速度、外界物体和自身位移速度的判断的准确性。涉及视觉、动觉能力。

⑤距离感知能力，即对距离的判断的准确性。

4. 激流回旋项目所处运动环境特点及其心理基础

激流回旋比赛中，要求运动员在水流湍急的300米赛道中，按规定通过18～25个水门。运动环境特点是：变化、急速的水流、多变的布门、多种选择的路线。

这些特点的心理学基础主要在于以下5点。

（1）读水能力和分析划行线路的能力。涉及到超强记忆能力，运动员要记忆完整的水流、水门、技术运用等比赛要素。

（2）超强应变能力。在变化复杂的激流中、突发情况下，要快速、准确的线路选择、随机灵动的技术应用。

（3）注意集中能力。比赛时最大的对手就是自己。要求运动员必须具备“以我为主、聚精会神、心无旁骛”的高度专注力；“排除干扰，处惊不乱”。

（4）顽强的意志品质。要胆大心细、顽强拼搏。

（5）自我心理控制能力。要具备在保持高速划行时的本体感知力，使人、艇、桨成为有机的运动整体，以最快的速度完成比赛。

（二）儿童少年生长发育的敏感期特征及训练注意事项

激流回旋项目要求运动员应该具备的生理基础（如所处于的生理发育敏感期）取决于该项目的特点。

教练员要根据青少年的生理发育敏感期，设计和实施训练。

1. 儿童少年力量发展的敏感期

（1）力量发展敏感期特点

在儿童时期，8 岁以后，男、女孩力量开始显露差别，男孩绝对力量自然增长的敏感期为 11～13 岁，其后，绝对力量增长速度缓慢，到 25 岁左右最大。女孩 10～13 岁，绝对力量增长速度较快，3 年中绝对力量可提高 46%，13～15 岁绝对力量增长速度下降，15～16 岁回升，16 岁以后再度下降，20 岁左右达到最大力量。

在儿童少年时期，速度力量的发展比绝对力量发展得更快更早。7～13 岁是速度力量发展的敏感期，13 岁以后男孩比女孩增长快。力量耐力的自然发展趋势较为稳定，男孩 7～17 岁之间基本处于直线上升趋势；女孩 13 岁以后增长速度缓慢，14～15 岁甚至出现下降。

（2）儿童青少年力量训练的注意事项

①多采用小负荷，特别是克服自身体重的练习，如做俯卧撑、仰卧起坐、反复下蹲等练习，使全身肌肉力量得到发展，增加肌肉中毛细血管和肌红蛋白的数量，改进输氧功能。

②力量训练应以动力练习为主，少用或不用静力性练习，特别要尽量避免出现憋气动作，以免因胸膜腔内压的突然变化而影响心脏的正常发育。

③儿童力量训练，不要过早强调与专项运动技术相结合，应着重身体全面发展的力量训练。

2. 儿童少年速度发展的敏感期

（1）儿童反应速度和动作速度的敏感期特征

儿童在6～12岁反应速度提高幅度较大，9～12岁阶段提高得最为显著，12岁以后，反应速度增长的速度减慢，到16岁时，由于内分泌系统等机能产生了质的飞跃，反应速度提高又出现高峰，到20以后提高速度将慢下来。一般反应速度2～3岁为0.5～0.9秒，5～7岁为0.30～0.40秒，12～14岁为0.15～0.20秒。

在动作速度方面，由于动作完成依靠肌肉收缩做功，快速完成动作涉及的肌肉快速收缩能力。儿童虽然掌握了合理的技术动作，但由于其快速力量的不足，直接影响动作的速度。

从性别差异看，7～12岁男女孩跑的最高速度的差别不大，到13岁以后，男孩子逐渐超过女孩。男子在18岁以后跑的速度也有提高的趋势，而女子17岁时跑速自然提高减慢。女孩14～16岁时，由于青春期关系，速度表现有时低于14岁以前的速度。

（2）儿童青少年速度训练的注意事项

①儿童动作速度训练主要集中在技术的合理性及肌肉的合理用力顺序上。

②注意运动器官联结装置附近的肌肉力量的发展。如关节、脊

柱及一些小肌群的力量，以便为今后的发展打下良好的基础。如在发展上肢肌肉力量时，注意发展前臂的小肌肉群的力量与速度控制能力以及指关节与腕关节的力量训练。

③ 对儿童少年进行速度训练的同时，要十分重视身体素质全面发展。因为移动速度的发展与力量、耐力等其他身体素质的发展有着密切的关系。

3. 儿童少年耐力发展的敏感期

（1）儿童少年耐力发展的年龄特征

儿童少年耐力发展的自然趋势：儿童少年耐力素质是随着年龄的增长而逐渐提高的。例如，进行3分钟的活动测定，9岁儿童的耐力只能达到成人的40%，12岁时达到成人的65%，15岁时便可达到成人的92%了。

一般地讲，女孩9岁时，耐力提高的速度较快；12岁时，耐力再次提高；当她们进入性成熟后第二年（14岁起）耐力水平将逐年下降。到15~16岁时，耐力水平下降最多。男孩在10岁、13岁和16岁时，耐力素质有大幅度的提高。

从生理上讲，儿童少年血红蛋白、肌红蛋白含量较成年人少，无氧代谢能量贮备不足，酸中毒现象要靠心血管系统补偿来消除，因此无氧代谢能力的发展受到限制。少年运动员从青春发育期以后进行无氧耐力训练为好。优秀中长跑运动员成长过程分析，从事专项耐力的训练时间男子约14~16岁，女子约13~14岁。

（2）儿童耐力发展的注意事项

①密切结合儿童少年耐力自然发展的趋势，安排训练。

②儿童少年耐力训练应以有氧耐力训练为主。

③采用多种内容和手段发展儿童少年耐力。除长跑外，可选用

活动性游戏、水流类运动、骑自行车、滑冰、登山、循环练习等。

④持续训练法是儿童少年耐力训练的基本方法，也可用变速跑等方法。

⑤如果使用间歇训练法，应以小强度间歇法为主，工作强度控制在30%～60%左右，练习总时间为20分钟左右。练习与休息时间的比例为1∶1。随年龄增长，到15岁以后可用较大强度的间歇训练法，强度可达50%以上。

4. 儿童少年柔韧发展的敏感期

（1）儿童少年柔韧发展的年龄特征

发展儿童少年柔韧性训练较容易。这是因为儿童少年与成年人相比，关节面的软骨厚，关节内外的韧带较松弛等缘故。一般地说，要争取7岁以前就进行柔韧性练习，力争在12岁以前使柔韧性得到较好的发展。

少年在13～16岁之间生长发育较快，少年的身高、体重明显增加，柔韧性下降，骨骼能承担的负荷较弱，易出现骨骼损伤。

（2）儿童少年柔韧发展的注意事项

①儿童少年柔韧性练习，应多用“缓慢式”和“主动”活动。因为儿童少年关节牢固性差、骨骼易弯曲变形，长时间用力掰、压等，容易造成关节、韧带的损伤和骨骼的变形，不利于促进孩子的健康成长。

②要防止过分地扭转肌肉骨骼的活动，以免造成损伤。16岁以后，可逐渐加大柔韧性练习的量和强度。

5. 儿童少年灵敏发展的敏感期

（1）儿童少年灵敏发展的年龄特征

灵敏素质的生理学基础是在中枢神经系统指挥下，将身体各种能力，包括力量、速度、协调、柔韧等综合地表现出来。

神经系统是人体发育最早、最快的系统，儿童具有较优越发展神经系统的条件，如 7 ~ 12 岁具有良好的反应能力、6 ~ 12 岁孩子节奏感较好、7 ~ 11 岁具有良好的空间定向能力等等。这些都为发展灵敏素质提供了良好的条件。

在近代运动训练理论和实践中，日益重视协调能力的作用，把协调能力看作是发展运动员技能和战术能力的基础。儿童时期正是发展协调能力最有效的时期。德国学者认为，儿童从 5 ~ 6 岁起，即可有效地发展节奏感，继而，应安排发展灵活性、反应及空间定向能力的练习，9 岁起可着力提高其平衡与准确能力。（图 2 – 1）

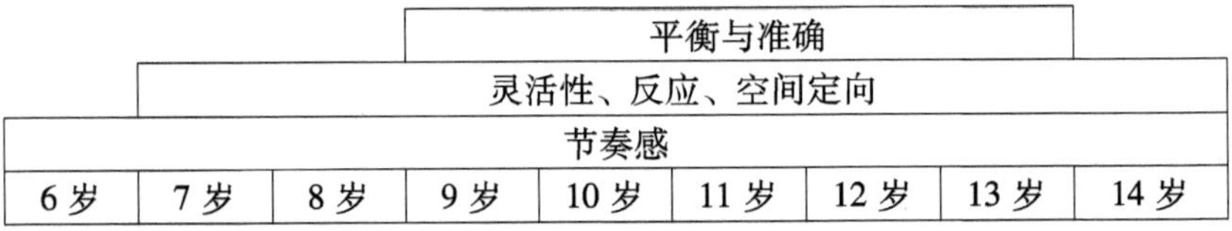

<table>
<tr><td colspan="3"></td><td colspan="5">平衡与准确</td><td></td></tr>
<tr><td></td><td colspan="8">灵活性、反应、空间定向</td></tr>
<tr><td colspan="9">节奏感</td></tr>
<tr><td>6 岁</td><td>7 岁</td><td>8 岁</td><td>9 岁</td><td>10 岁</td><td>11 岁</td><td>12 岁</td><td>13 岁</td><td>14 岁</td></tr>
</table>

图 2 – 1　发展各种协调能力的适宜年龄区间

此外，女子进入青春期，由于体重增加，内分泌系统也发生了变化，就会影响到灵敏素质的训练与表现。

（2）儿童少年灵敏发展的注意事项

①灵敏素质要从儿童少年时期开始培养。

②根据不同运动项目的要求，采用不同手段、不同方法，发展灵敏素质。

③灵敏素质训练一般安排在训练课的前半部分，在运动员体力充沛，精神饱满时进行。

④在进行灵敏素质训练时，教练员应采用多种手段，消除运动员恐惧心理或紧张状态，以保证训练取得良好的效果。

⑤少年儿童运动员应该学习多种类运动项目，尤其要重视多安排体操训练，以有效提高运动员肌肉协调能力、空间感知能力以及平衡能力。

⑥运动员在基础训练阶段，应将发展协调能力的训练放在首位。在发展协调能力训练内容的配置中，还要注意不同年龄的适宜训练内容。

6. 附：儿童运动员身体训练的内容安排

在发展各种运动素质训练内容的配置上，随年龄的增长，应该按照“柔韧——有氧耐力及反应速度——最大速度及速度力量——最大力量、无氧耐力和力量耐力”的顺序进行。(图2－2)

以一般协调能力为主，同时注意有氧能力和柔韧性训练				以灵敏性和速度素质为主，同时进行速度力量训练		以爆发力和速度素质为主，适当增加有氧耐力训练	
5岁	6岁	7岁	8岁	9岁	10岁	11岁	12岁

图2－2　不同年龄儿童运动员身体训练的主要内容

7. 附：不同年龄儿童少年生长发育的生理特点（表2－1）

表2－1　不同年龄儿童少年生长发育的生理特点

分类	小学生（6～11岁）	初学生（12～14岁）	高学生（15～17岁）
一般特点	生长发育相对缓慢，性别差异不显著	进入青春发育期，生长发育加速，性别差异凸显，女性各器官系统发育提早于男性1～2岁	进入生长发育过程相对缓慢、稳定的阶段；女性发育停滞，男性仍具有一定的发展空间
骨骼、关节特点	骨骼富于弹性，但坚固不足；骨骼易弯曲变形	骨骼发育快于肌肉，关节柔韧性降低	下肢骨骨化由加速逐渐完成，脊柱椎体骨化趋向完成，骨骼长度发育基本停止

续表

分类	小学生（6～11岁）	初学生（12～14岁）	高学生（15～17岁）
肌肉特点	收缩能力弱，耐力差，发育顺序：躯干肌先于四肢肌，屈肌先于伸肌，上肢肌先于下肢肌，大块肌先于小肌肉；跑速提高最快的时期	肌肉蛋白质合成加强，肌肉体积和力量增长速度加快，纵向发展，长度发展增加为主	肌肉横向增长较快，小肌群迅速发育，肌肉力量增长最快时期；关节柔韧性随力量增长而降低 女性20岁左右，男性25岁左右，整体肌力到达最大
心血管功能特点	心脏发育不完善，心率较快，收缩力弱；血管发育早于心脏，血压较低；运动中依靠加快心率增加心输出量适应需要	男性血管发育慢于心脏发育；女性心血管发育进入稳定期，接近于成人水平；青春期高血压发生率增高	心血管发育趋于平衡，功能稳定；青春期高血压发生率降低
呼吸功能特点	呼吸肌力较弱，肺活量小，呼吸频率快，呼吸表浅	由于呼吸肌力量增强，摄氧量显著增加；耐力水平增长最快的时期	摄氧量增加放缓
神经系统特点	大脑发育迅速，神经活动不稳，兴奋占优，好动、注意力不易集中；精确动作能力较差；第一信号系统活动占优，形象思维能力较强；12岁左右反应速度达到第一峰值，此为发展协调能力的最佳时期	大脑皮质功能加强，分析综合能力显著提高；精确动作能力显著提高；第二信号系统功能进一步发展，联想、推理能力提高；为发展专门协调能力的最佳时期	大脑皮质分化能力较强，反应迅速，易于掌握高难动作；第二信号系统功能较完善，抽象思维能力较强；20岁左右反应速度达到第二峰值
其他		女性出现月经来潮	

（三）儿童少年在不同年龄阶段的心理特点及训练注意事项

激流回旋项目要求运动员应该具备的心理基础（如所处于的不同阶段的心理特征）取决于该项目的特点。

教练员要根据青少年不同年龄阶段的心理特征，设计和实施训练。

1. 不同年龄阶段青少年运动感知能力的特点（表2－2）

表2－2 不同年龄阶段青少年运动感知能力

	7～9岁	10～12岁	13～15岁	16～17岁
视觉	视觉感受性增长较快，眼光敏锐 观察事物时笼统模糊，杂乱无章，不善于抓住主要特征或较隐蔽的重要特征	视觉的差别感受性、视觉的调节能力增加	视觉能力发展更快，区分多种颜色和色度的精确性提高	
运动感觉	突出表现在手的运动能力的发展上。但手的骨化过程尚未完成，动作灵活性、准确性较差，伴有多余动作	肌肉力量增加，关节肌肉有一定感觉发展	关节、肌肉的感觉性迅速提高，动作灵活性、准确性明显增加	
知觉	有很大的被动性，不会有意识、有目的地感知事物； 观察事物往往不精确，主次不分，不易区分相似事物，看外形相似的图形或示范动作容易混淆。 空间定向能力的发展弱于其他感知能力的发展，必须与具体事物相联系	知觉的有意性、目的性开始发展。 选择性和稳定性提高，分析与综合统一的水平发展，能看出事物的特征和联系	各种知觉的稳定性、精确性和目的性有较大的提高，特别是目的性加强。 不仅能感知事物的外部特征，而且能主抓事物的重要特征，比较全面、深刻地观察事物	时间知觉、空间知觉能力有了新的发展。 对于长、宽、高三维空间关系、图形的透视关系理解的更加确切。这就促使他们观察事物，特别是观察动作的自觉性、稳定性、精确性、和概括性逐步提高

续表

	7~9岁	10~12岁	13~15岁	16~17岁
记忆	记忆力发展与其知识经验、理解力的发展紧密联系。主要以无意记忆、形象记忆、机械识记为主，善于死记硬背，不善于检查自己记忆的效果	有意记忆和意义记忆的能力大大加强，逐渐学会有选择地识记事物，词和抽象识记逐渐发展。可向自己提出记忆的任务和要求，学习效率明显提高	有意记忆和有意识记逐渐占主导地位，但无意识记仍然表现明显，仍有部分少年习惯于机械识记。少年的逻辑记忆逊于形象记忆	概念记忆、逻辑记忆、情绪记忆、运动记忆等有较大发展
思维	以形象思维为主，并带有很大的依赖性和模仿性	思维的有意识性增强，创造成分也大大增多。高年级儿童能以抽象的概念进行推理、评价是非，并具有喜欢争辩、提出不同见解的倾向	抽象思维已占居主导地位，但具体形象成分仍起重要作用，从“经验型”思维向“理论”思维过渡	思维的批判性、独立性有显著的发展，但还容易产生片面性和表面性。他们开始不满足对事物现象的一般解释，不轻信他人的看法，喜欢怀疑、争论和追问

续表

	7～9岁	10～12岁	13～15岁	16～17岁
教学提示	1. 教练示范技术动作时的位置与方向，对于提高儿童的定向知觉能力十分重要 2. 可将动作要领编成口诀，要儿童背诵，但要经常检查其记忆效果。加强记忆的目的性 在做示范动作时需要借助动作讲解动作要领 3. 语言直观，多用形象生动的比喻	直观教学和动作示范仍然是重要的教学方法	适当讲解动作的原理。 由于知识经验的限制，思维的独立性和批评性还不够成熟，容易产生片面性和表面性， 可能把教练员某一方面的优点或缺点，扩大成他的全部特点	除了给予直观、具体的动作示范，还要给予各种科学的概念、规则和原理，让运动员进行判断、推理和证明。 既要尊重他们，耐心听取他们的意见，鼓励他们独立思考，又要正面引导，进行说服教育，克服他们思维的片面性、绝对化，以及只看问题表面的缺点，把他们的抽象思维能力引向更高的阶段

2. 不同年龄阶段青少年注意能力的特点（表2－3）

表2－3 不同年龄阶段青少年的注意能力

	7～9岁	10～12岁	13～15岁	16～17岁
注意	无意注意占优势，极易受到外界刺激的干扰，被无关的事情所吸引。有意注意一般持续15分钟左右。强迫他们集中注意往往很快引起疲劳。 注意范围狭窄，常常是看到了上肢的动作，忽略了下肢的动作	有意注意可待续到20分钟以上，注意的范围可扩大到4～5个对象。 注意的分配能力较差，常常是注意了上肢的动作，注意不了下肢的动作。 注意的外部表现比较明显，教练员可以从运动员的外部表现来判断他们是否集中注意	有意注意发展显著，稳定性，能够较长时间地指向和集中与于必须注意的事物，一般可持续到40分钟以上。 但这种稳定性在很大程度上依赖于兴趣	注意的范围扩大，已接近成人水平。 注意的分配和转移能力不断提高，但也有部分学生较差。 无意注意仍起着重要作用。注意的外部表现仍比较明显

续表

	7~9岁	10~12岁	13~15岁	16~17岁
教学提示	充分利用儿童的学习兴趣，采用直观教学	培养儿童的责任感和有意注意		

3. 不同年龄阶段青少年情绪情感的特点（表2-4）

表2-4 不同年龄阶段青少年的情绪情感

	7~9岁	10~12岁	13~15岁	16~17岁
情绪情感	低年级儿童的情感丰富，易激动，极不稳定。喜、怒、哀、惧溢于言表；情绪的自我控制能力较差，对教练员怀有信任与依恋情感常常超过对自己的父母；男女之间能亲密无间地共同活动	三、四年级以后，儿童的情感内容丰富而较稳定，求知欲、集体主义情感增强，男女之间已不像低年级那样亲密无间了。儿童身上的消极情感主要表现为妒忌、狭隘、自满	随着内抑制和自我控制能力的发展，其选择的情感反应能力也在逐步提高，但仍未摆脱幼稚。主要特点是： 1. 情感体验丰富、强烈，表现鲜明、生动，并带有较明显的外部表现和两极性。 2. 情感开始带有内隐的、文饰的、曲折的特点，即控制、调节自己情感的能力有所提高。如遇到自己不高兴的事情，可以因某种原因忍住不说。 3. 情感的延续性增强，开始出现延续时间较长的心境。一次比赛的失利，会导致几天闷闷不乐。 4. 友谊感、集体荣誉感、责任感等高级情感开始发展起来，但由于知识经验的局限，这些高级情感还相对显得狭隘和肤浅。如教练员疏于正确指导，也可能会变形为“江湖义气”，甚至互相包庇，集体闹独立	
教学提示	用实际的例子进行情感教育	培养儿童控制和调节情感的能力		

4. 不同年龄阶段青少年意志品质的特点（表2－5）

表2－5 不同年龄阶段青少年的意志品质

<table>
<tr><th></th><th>7～9岁</th><th>10～12岁</th><th>13～15岁</th><th>16～17岁</th></tr>
<tr><td>意志②</td><td>意志品质自觉性、独立性、坚持性都较差，需要别人的帮助来完成应当独立完成的任务，具有较高的依赖性。
不善于自制，在训练中常常因为自己高兴而忘乎所以。
在难度较大的练习或强手面前常常表现出畏缩、胆怯，
把莽撞当作勇敢，对惊险动作跃跃欲试。游泳练习或比赛中，爱动好斗，常常容易发生意外</td><td>逐步有比较远大的、社会性目标</td><td colspan="2">少年运动员意志特征发展的明显标志是独立性和自制力的发展。主要表现为：
1. 由依赖性、受暗示性向独立性、自觉性发展，但依赖性、受暗示性仍然存在。
2. 由冲动性、盲目性向自制性、果断性发展，但冲动性、盲目性忍耐感起较大作用。
常常需要外部的监督才能完成某项任务。但由于训练任务和教练员的要求，他们能够逐渐自觉地确立目的、制定、实施计划，主动安排时间，独立地采取和执行决定。
为了显示自己的成熟和力量，运动员常常做出与众不同的冒险举动。但在教练员的精心诱导下，能够逐渐按照一定的观点、原则，经过慎重思考，比较理智、果断地处理问题，增强自我控制能力</td></tr>
</table>

② 意志品质的概念

人的意志力发展水平的反映。主要表现在自觉性、坚持性、果断性和自制力等方面。

A. 自觉性：指深刻地认识行动目的的正确性和重要性，并主动地支配自己的行动使之符合于该目的的意志品质。与自觉性相反的意志品质是盲从和独断。

B. 坚持性：指在完成艰巨任务过程中遇到困难时，坚持不懈地克服困难的意志品质。与坚持性相反的意志品质是动摇性和刚愎、执拗。

C. 果断性：指善于迅速地辨明是非，坚决地采取决定和执行决定的意志品质。与果断性相反的意志品质是优柔寡断和草率。

D. 自制力：指控制自己的情绪和言行的意志品质。与自制力相反的意志品质是放任和怯懦。

意志品质的各个方面在一个人身上往往是互相渗透，综合表现出来的。缺乏自觉性的人没有明确的目的，因而就无所谓坚持。没有果断性的人，不能当机立断，很难想象他会有坚韧性。缺乏自制力的人不能使行动的主要目的压倒其它动机，也就无法在遇到困难的时候坚持下去。各个运动项目都要求运动员全面地发展各种意志品质，但不同的项目所需要的意志品质也有所差别。属于耐力性项目，更需要坚持性，作为儿童少年运动员，特别需要培养他们的独立性和自制性。

续表

教学提示	系统地帮助和鼓励儿童克服内部和外部的困难。 体育运动中的意志训练有两种途径，一个是一般性的思想教育，即通过说服教育手段和改善认知结构的方法，提高运动员的意志品质；另一个是对专项运动员，或某一年龄段的运动员特需的意志品质进行训练，如体能性项目的顽强性，儿童少年运动员的自制性、独立性等。而对专项意志素质的心理训练则多采用专门的心理手段，如为了克服技术动作的危险性而进行的意志应激心理训练，为了克服内心障碍进行的意志努力训练等。 意志品质是在克服困难的过程中表现出来的。例如，运动员训练时体力不佳，训练比赛条件不尽人意，器械损坏，腾越和空翻动作的惊险，训练比赛因故中断，高难动作脱保等。教练员要教育、鼓励、督促并帮助运动员去克服困难。要给运动员分析克服困难的可能性，激发运动员克服困难的勇气和信心，包括减轻害怕心理，加强保护措施等等。 此外，通过练习惊险性的空翻和腾越动作，培养运动员果断和勇敢的意志品质；通过练习多套成套动作，以及柔韧、力量和耐力等，培养运动员顽强、坚韧和自制的意志品；通过练习落地的稳定性，培养果断、勇敢和自制的品质；通过与实力相当的对手进行比赛，培养顽强、坚韧和自制的品质。通过创编自选动作，培养运动员的独立性和主动性等等。 在意志训练中应注意：激发运动员强烈的取胜愿望，树立战胜困难的信心；采用逐步加大困难的方法进行练习；加强对运动员的严格要求；发展持久性的意志力；加强道德情感教育；采用条件信号的方法；采用对抗性训练和必要的惩罚性措施；针对不同运动员的个性特点，采取不同的具体措施。也可以采用自我鼓励和暗示手段，针对技术动作的“念动”训练手段以及利用注意集中与合理转移、分配的训练手段等等

5. 不同年龄阶段青少年运动动机发展的特点（表2－6）

表2－6　不同年龄阶段青少年的运动动机

<table>
<tr><th></th><th>7～9岁</th><th>10～12岁</th><th>13～15岁</th><th>16～17岁</th></tr>
<tr><td>动机与兴趣</td><td colspan="2">开始从事运动阶段：
最初参加体育活动的兴趣和动机具有直接的性质，为了在情绪上，以及身体活动上得到快感，表现为对运动活动的广泛兴趣爱好，不加选择，什么都想尝试，只是为了满足自己的直接兴趣，并没有参加某项运动的真正愿望。
从事某项运动活动，多数是出于周围自然环境和社会环境，以及父母、教师或亲友的影响，而不是普遍尝试后的选择</td><td>运动专项化阶段：
随着较系统的体育知识、技能的学习，儿童少年运动员对从事运动活动的认识逐渐加深，对运动活动的激烈性、紧张性具有更丰富的情绪体验，并持有较高的自觉性和主动性。
开始对某项运动产生了专门化的选择，产生了专项兴趣，并有了发展某一专项运动的动机，以及丰富自己专项运动的知识，改进某项技术的愿望，从而获得较高的运动水平</td><td>高度水平运动阶段：
从事运动的动机具有明显而深刻的社会意义。
已具有丰富的专项知识，某项运动成绩已达到较高的水平。
他们的共同愿望是在比赛中创造新的纪录，争取集体荣誉，为国家争光</td></tr>
<tr><td>教学提示</td><td colspan="4">在上述不同的动机发展阶段中，总的来说是直接动机、直接兴趣逐渐向间接动机、间接兴趣转化，但也不是绝对的。如后面阶段动机、兴趣的某些特点，也可能在前一阶段中出现；同一动机、兴趣在不同的发展阶段，也可能发生质的变化。而且，随着时代的进步，价值观的改变，运动员参加运动的动机越来越复杂多变。教练员洞悉儿童少年运动员参加活动的动机，甚至队员家长送子参加活动的动机，对于运动员的管理和培养十分重要。
此外，如前所述，儿童少年参加训练的动机以直接动机和直接兴趣为主，虽然日后会以获胜为目的，但在参加体育活动的初期，他们参加比赛，取得名次的愿望并不强烈，甚至没有。儿童少年的家长送自己的孩子参加训练有较多的目的，如将来成为优秀运动员、锻炼身体、让孩子在课余时间有个去处等等。从教育学角度看，儿童少年参加训练有更广泛的意义：如学习一门技术、增强体质、发展人际关系、发展创造力、学会面对成功和失败等等</td></tr>
</table>

续表

教学提示	虽然教练员希望自己能培养出世界冠军，但在儿童少年的激流回旋训练中，从他们参加活动的动机性质上，以及教育学的意义上，教练员应更多地注意“取胜”以外更多的东西。在儿童少年阶段，打好身体、技术、心理素质非常重要。无论他们日后是否从事激流回旋事业，在儿童少年时期参加训练所学到的东西，会影响他们以后一生的发展。 因此，教练员应当认识到，自己在儿童少年运动员心目中扮演的绝不仅仅是一个运动员的教练，还有可能是他们的教师、父母和朋友。对运动员的要求也不能仅仅是取胜，而是在身、心两方面来完善儿童少年的发展

6. 不同年龄阶段青少年自我意识发展的特点

自我意识是指个体对自己的认识和态度，包括自我感觉、自我观察、自我评价、自我概念、自我监督、自我控制以及自信心、自尊心、自卑感、独立性等等。儿童、少年的性格特征正处形成过程中。人的性格特征是在其社会生活地位复杂化、多样化的条件下，通过与他人的交往，由自我意识能力的不断发展而形成的。

自我意识发展的原因主要是心理矛盾的冲突及其解决。少年的生理成熟、社会化发展和个性形成 3 个方面和自我意识的发展同步。然而，其中不乏种种矛盾，如生理的成熟过程的不平衡；社会化方面，虽然少年在家庭、运动场、社会上比过去有更多的机会参与成人活动，但活动的范围很有限；在个性方面，虽然少年以自我评价为中心，逐渐形成自己的能力倾向、道德品质和性格特点，但尚未定型。因此，自我意识的发展中也就充满了矛盾，这样表现在 4 个方面：（1）独立性与依赖性的矛盾；（2）自尊心与自卑感的矛盾；（3）反抗性与屈从性的矛盾；（4）理想自我与现实自我的矛盾。正是在这些困难的产生和解决过程中，少年的自我意识得到发展。

下面从自我评价能力和成人感两方面来谈自我意识的发展特点，

见表2－7。

表2－7　不同年龄阶段青少年的评价能力和成人感

	7～9岁	10～12岁	13～15岁	16～17岁
评价能力	(1) 自我评价的独立性日益增长：低年级儿童和学前儿童差不多，独立评价自己和别人的个性品质的能力非常差。他们评价自己或同学、队友时，几乎完全依照成人的评价。 (2) 自我评价的原则性逐步形成：学前儿童的自我评价主要是以具体的、外部的行为特征为根据，还不善于从道德观点或原则来评价自己或别人的行为。低年级儿童也仍具有这一特点。 (3) 自我评价的批判性有一定程度的发展：低年级儿童在评价自己或别人的时候，批判性一般很差，主要表现为，容易更多地看到自己的优点，不大容易看到自己的缺点；常常善于评价别人而不善于评价自己，而且这种评价还具有易变性		(1) 学会独立地把自己的行为与别人的行为加以比较，把别人的行为当作评价自己的行为依据。这样，儿童自我意识的独立性就开始发展起来。 (2) 逐渐学会从道德原则上来评价人的行为。在这个时期对儿童讲大道理，不免有些"对牛弹琴"。 (3) 自我评价的批评性开始发展起来。 总之，儿童时代自我意识能力的发展主要表现为：从评价他人向评价自己发展；从评价外部表现向评价内心实质发展；从轻信他人的评价向自我独立评价发展；从评价行为的结果向评价行为的动机与效果的统一发展	评价别人与评价自我的能力这提高：即初步的独立评价，比较全面的评价标准：动机、态度、理解力、遵守纪律等。 自我评价能力在学习和运动活动中，与周围环境相互作用这发展起来。 评价能力发展途径有两条： 第一，在学校和运动队的交往过程中，通过认识教师、教练员、其他同学和运动员，彼此进行评价，"以人为镜"，设想自己在别人心目中的地位，置身于他人的角度，反观自照来评价或修正自己的行为。 第二，通过直接的自我认识（自我观察结果）和间接的自我认识（自我分析结果），对自己的心理和身体特征进行研究。这两条途径的结合与交替，使少年的自我意识进一步深化

续表

	13～15 岁	16～17 岁
成人感	产生"成人感"。 少年运动员由于性机能的逐渐成熟、身体的迅速发育，加上有了一定的社会生活经验的积累，家庭、和社会上的地位有所改变，使他们感到自己已经长大成人，希望像成人一样干出一番大事业。 所以他们极力模仿和表现出成人的作风和气魄，在众多场合发表自己的见解，并要求他人尊重自己的意志和人格，宁愿承担艰巨任务，不愿受到特殊照顾。 在某种情况下，他们往往表现出不畏风险、不怕困难、敢想敢干、见义勇为的品质。这种成人感是少年自我意识急剧发展的一个特点，也是个性发的转折点	
教学提示	避免还把他们当作小孩子，对他们的意见的行动不尊重，无视他们自我肯定的需要，或讥笑或训斥，或生活上过分照顾，否则会使他们的成人感遭到挫折，压抑下来，转成自卑感，产生焦虑情绪，或对立破坏的消极倾向、不利于个性的健康发展。 创设机会，如组织团队活动，让少年运动员通过自我观察，与其他少年运动员进行比较，通过评论他人的运动能力，反观自己的运动能力，分析自己的身体素质和运动技能比别人强，自己的反应速度比别人快等等。这样，就初步形成了关于自己运动能力的认识	

二、运动员的培养规律

（一）运动员的成才规律

1. 激流回旋运动员培养过程及其主要构成因素

（1）运动员的成才过程

运动员的成才过程就是他的竞技能力和运动成绩不断提高的过程。竞技能力的构成因素及其在比赛中的主要表现。（表2－8）

表2－8　竞技能力的构成及其主要表现

竞技能力构成因素	主要竞技表现
体能	力量、速度、耐力、柔韧、协调、灵巧
技能	动作质量、动作稳定性
战术能力	自身发挥、干扰对手、影响判定
心理能力	参赛情绪动员、比赛情绪控制、竞技意志保持
知识能力	竞技知识的掌握与运用

运动成绩的主要影响因素。（图2－3）

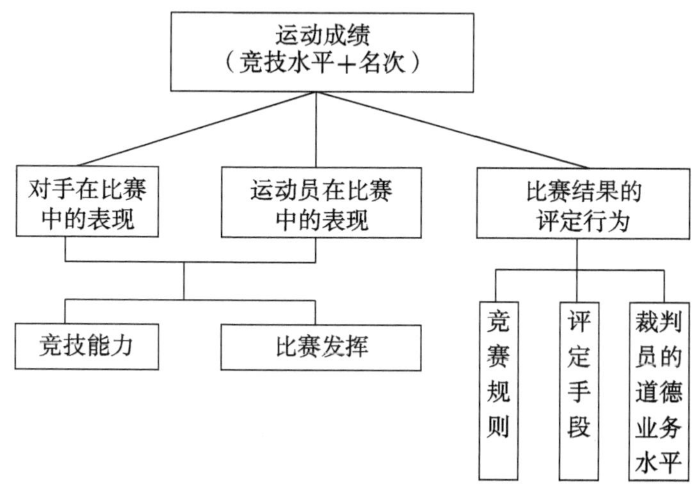

图2－3　运动成绩的决定因素

(2) 运动员培养过程的主要构成因素

运动员培养过程的主要构成因素包括运动员选材、运动训练、运动竞赛和竞技体育管理4个主要构成部分。(图2－4)

①“运动员选材”就是挑选具有良好运动天赋及竞技潜力的儿童少年或后备力量参加运动训练。选材时，应注意考虑各个运动项目的特点，力求使用科学的测试和预测方法，努力提高选材的成功率。

②“运动训练”是为提高运动员的竞技能力和运动成绩，在教练员的指导下，专门组织的有计划的体育活动。运动训练既是竞技体育的组成部分，也是实现竞技运动目标最重要的途径。

③“运动竞赛”是在裁判员主持下，按统一的规则要求，组织与实施的运动员个体或运动队之间的竞技较量。竞赛是竞技体育与社会发生关系，并作用于社会的媒介。运动员通过训练不断提高的竞技能力，只有通过运动竞赛的形式表现出来，才能得到社会的承认，同时满足民众对竞技观赏的社会需求。

④无论是运动员选材、运动训练，还是运动竞赛，都必须在专门的管理体制组织管理下才能得以实施并得到理想的效果。因而，竞技体育管理也是竞技体育理论体系中的一个重要组成部分。

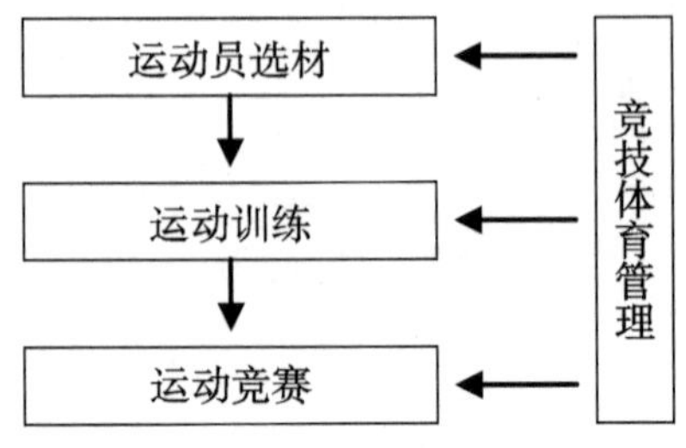

图2－4　竞技体育的构成

2. 激流回旋运动员培养过程的年龄特征

适宜从事训练的年龄。

（1）基础教育阶段：9 岁以下的孩子可以开始启蒙教育，如在垫子上的两个人互相推挡，主要是培养兴趣，为以后打基础。

（2）基础训练阶段：10～12 岁，多种基本素质的训练，激流回旋基本技术的学习。

（3）专项提高阶段：13～16 岁，在掌握基本技术的基础上，提高技术水平、比赛能力、心理能力、战术运用能力。

（4）最佳竞技阶段：17～20 岁，改进和提高全面技术。

（5）高水平竞技阶段：20 岁以上。要求进行系统训练、保持心理稳定性。

（二）有效的培养途径及方法

1. 运动训练是培养运动员的重要构成部分

在运动员的培养过程中，教练员和运动员的大部分时间是在训练场上度过的。通过一堂堂训练课，通过一次次训练负荷，通过一个个练习，使得运动员的机体得到改造，使得运动员的竞技能力一步步地得到提高。培养一名奥运会选手通常需要 6～10 年的时间。运动训练是运动员参赛的基础，是竞技体育最基本的活动，占有重要的地位。

运动训练是竞技体育活动的重要组成部分，是为了提高运动员的竞技能力和运动成绩，专门组织的有计划的体育活动。

2. 运动训练过程的基本构成

完整的、科学组织的运动训练过程应该包括以下 6 个基本环节，即运动员现实状态诊断、训练目标设立、制订训练计划、实施训练

计划、进行检查评定、实现训练目标。（图 2－5）

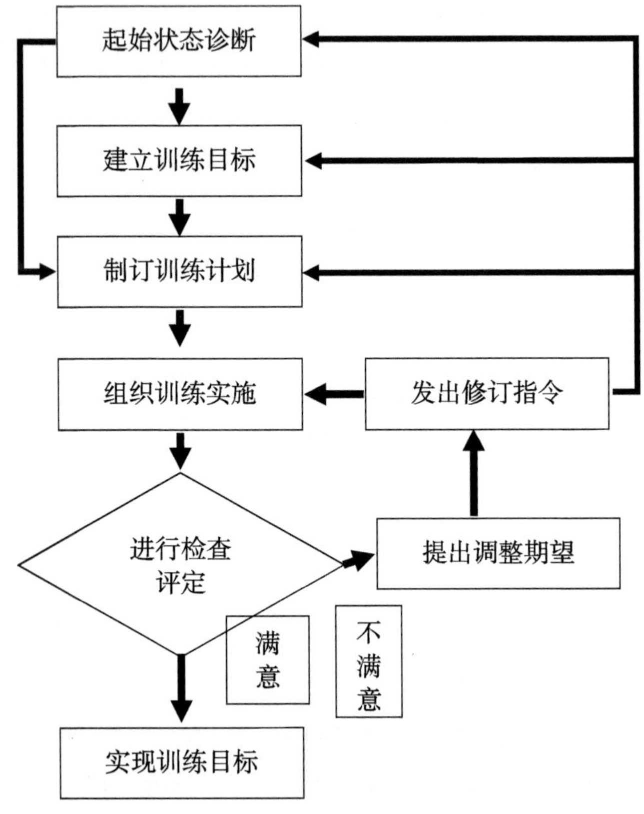

图 2－5　运动训练过程的基本构成

3. 运动训练负荷及其控制

（1）运动训练负荷由负荷强度与负荷量所构成

负荷强度是指负荷对于运动员机体刺激的深度，反映着训练负荷的质的特征，是运动负荷的核心要素；负荷量则是指负荷对于运动员机体刺激的量度，反映着训练负荷的数量特征，负荷量的施加与变化是负荷强度变化的基础。

衡量负荷强度大小的指标通过是：练习的速度、远度、高度、单位练习的负重量或练习的难度和质量。衡量负荷量大小的指标一般为次数、时间、距离、重量等。

运动员承受训练负荷，必然引起机体的生理生化反应，因此，通过生理生化指标的监测，可以客观地判定训练负荷的强度，常用的指标有心率、尿蛋白、血乳酸等。训练负荷量的变化能够引起心血管系统、免疫系统、内分泌系统、神经系统、氧运转系统、骨骼肌系统以及物质能量代谢系统产生相应的变化。

（2）不同年龄运动员的训练学负荷特点

基础训练阶段的训练负荷特点是：循序渐进、留有余地。

专项提高阶段的训练负荷特点是：逐年增加、逼近极限。

最佳竞技阶段的训练负荷特点是：在高水平区间起伏。

高水平保持阶段的训练负荷特点是：保持强度、明显减量。

第三部分　应用篇

一、青少年年龄阶段的划分、阶段目标与任务、训练方法与负荷安排

（一）青少年激流回旋运动员的年龄阶段划分

由于人体生理、心理发展的自然规律，以及在训练负荷影响下生物适应的发展变化规律，造成了优秀运动员多年训练过程具有明显的年龄特征。为了顺利培养世界水平的优秀运动员，各个运动项目对运动员的基础训练、专项提高、最佳竞技和竞技保持的阶段都有特定的要求。

本大纲根据我国激流回旋教练员的训练经验，以及现行的小学、中学、高中的就学年龄，省运会、全运会的参赛年龄设置，将激流回旋青少年运动员的整个训练过程分成以下 4 个年龄阶段。（表 3－1）

表 3－1　激流回旋青少年运动员的年龄阶段划分

阶段名称	年龄	就学学龄	参赛类型
基础教育阶段	9 岁以下	小学 3 年级以下	队内素质比赛（U10）
基础训练阶段	10～12 岁	小学 4～6 年级	省运会乙组（U13）
专项准备阶段	13～15 岁	初中 1～3 年级	省运会甲组（U15）
竞技能力的发展和提高阶段	16～18 岁	高中 1～3 年级	全国青年赛（U18）
高水平竞技能力发展阶段	18 岁以上	高中毕业	—

（二）不同年龄阶段激流回旋运动员的训练目标和任务（含指导思想）

根据青少年生长发育的特点、世界优秀激流回旋运动员在不同年龄阶段必须完成的技术、素质和心理训练的任务。

本大纲根据我国激流回旋教练员的训练经验，将激流回旋青少年运动员的各年龄阶段的训练指导思想、主要训练目标、训练任务列于下表。

本研究主要从以下 11 个方面来谈。

1. 游泳自救；2. 水感船感；3. 身体；4. 船艇装备使用；5. 技术；6. 战术（水流/读水/线路）；7～9. 心理（兴趣动机志向，心理技能，品质）；10. 文化；11. 参赛。表 3－2 为不同年龄阶段激流回旋的训练目标和任务。

表 3－2 不同年龄阶段激流回旋的训练目标和任务

	基础教育阶段（9 岁以下）	基础训练阶段（10～12 岁）	专项准备阶段（13～15 岁）	竞技能力的发展和提高阶段（16～18 岁）
指导思想（教练员）	注重游戏娱乐，培养划船兴趣，学会安全自救，打好全面基础，争取家长支持	强化划船兴趣，规范静水技术，了解水流知识，夯实全面基础	培养积极动机，发展专项素质，掌握缓流技术，提高读水能力，培养心理品质，巩固全面基础	明确发展志向，夯实专项素质，掌握激流技术，形成专项特长，提高心理稳定，积累参赛经验，发展综合能力
指导思想（运动员）	学会安全自救 注重游戏娱乐 培养划船兴趣 打好全面基础 争取家长支持	完善自救技术 强化划船兴趣 规范静水技术 掌握缓流技术 了解水流知识 夯实全面基础 建立团队意识	掌握激流自救 培养积极动机 发展专项素质 掌握缓流技术 体验激流技术 提高读水能力 培养心理品质 巩固全面基础 培养竞争意识	明确发展志向 夯实专项素质 掌握激流技术 形成专项特长 提高心理稳定 积累参赛经验 发展综合能力

续表

	基础教育阶段（9岁以下）	基础训练阶段（10~12岁）	专项准备阶段（13~15岁）	竞技能力的发展和提高阶段（16~18岁）
训练目标	1. 培养自救能力 2. 学会游泳、熟悉水性 3. 提高协调、灵敏、柔韧 4. 了解船艇装备 5. 体验静水划船的技术 6. 初步了解水流划船知识 7. 培养运动和水流兴趣 8. 培养一般运动心理品质 9. 培养尊重、守纪、友爱 10. 培养好奇的品质	1. 缓流自救能力 2. 培养水感和船感 3. 发展全面身体素质 4. 发展协调能力、有氧耐力 5. 使用船艇装备 6. 掌握静水基本划船技术，为进入缓流训练打好基础 7. 培养观察分析水流的能力 8. 培养划船兴趣 9. 培养一般运动心理品质 10. 自我管理能力 11. 培养学习兴趣	1. 激流自救能力 2. 强化水感和船感 3. 发展有氧能力和速度、柔韧等身体素质 4. 学习保养船艇装备技术 5. 掌握缓流划船技术，为进入激流训练打好基础。 6. 掌握读水和划行线路设计 7. 培养对激流运动的喜爱、勇敢 8. 培养参赛心理技能； 9. 良好生活习惯，积极向上的人生观 10. 提高学习能力 11. 培养竞争意识，通过全面考核	1. 多种自救能力 2. 提高控船能力 3. 发展全面专项素质 4. 掌握保养船艇装备技术 5. 掌握激流基本划船技术 6. 熟练掌握控船技术 7. 提高读水、线路设计能力 8. 建立专项发展志向 9. 强化参赛心理技能 10. 培养职业和社会责任感 11. 养成学习习惯 12. 发展综合竞技能力，提高比赛成绩

续表

	基础教育阶段（9岁以下）	基础训练阶段（10～12岁）	专项准备阶段（13～15岁）	竞技能力的发展和提高阶段（16～18岁）
训练任务（教练员）	1. 传授水上安全知识，静水爱斯基摩翻滚、自救技术 2. 传授动水游泳技能、熟悉水性 3. 训练协调、灵敏、柔韧素质（田径、游泳） 4. 传授船艇装备基本知识 5. 传授静水基本划船知识 6. 传授基本水流知识 7. 安排丰富的活动，让孩子喜欢运动、喜欢水流 8. 传授运动心理技能：放松、表象、勇敢等 9. 培养一般心理品质：纪律观念，互助友爱，爱学习，勇于挑战	1. 传授缓流爱斯基摩翻滚，了解缓流自救知识 2. 传授水感和船感的知识 3. 安排多项目的运动和竞赛 4. 发展以协调灵活性/反应速度/平衡能力为主的全面身体素质 5. 发展有氧耐力，借助身体自重，提高力量 6. 传授正确使用船艇装备的知识 7. 传授正确的持桨技术 8. 传授静水（不同线路）划船基本技术 9. 传授缓流基本知识，各种水流类型及其特点 10. 安排各种活动，培养划船乐趣 11. 传授运动心理技能：注意、表象、思维、意志等 12. 培养一般心理品质：评价和自我评价，生活自理能力 13. 传授各种相关运动知识 14. 培养进取心	1. 传授激流安全知识、自救技术 2. 传授身体控船的知识 3. 发展专项基础耐力和一般性耐力，基本速度能力 4. 培养柔韧性/灵活性/协调性和平衡能力等专项素质 5. 传授船艇装备保养知识 6. 传授细化的缓流划桨技术 4 传授激流划船的基本技术知识 7. 传授有门和无门的划船技术和战术 8. 传授缓流中的跳落差（<1米）技术的知识 9. 传授水流特点及其与控船的关系（缓流） 10. 传授读水和设计划行线路的基本知识 11. 培养激流划船兴趣，建立训练动机 12. 传授运动心理技能：情绪调节、战术思维等 13. 培养一般心理品质：人际沟通、自我管理等 14. 传授专项基本知识。（解剖学、力学） 15. 适当（模拟）比赛，传授参赛知识	1. 强化安全、自救意识 2. 传授利用水流的知识 3. 安排加强柔韧/灵活/协调和平衡能力、反应速度等专项素质的训练 4. 安排提高有氧能力、专项力量（大力量、爆发力）的训练 5. 监督船艇装备保养的操作 6. 全面评价基本技术（静水和缓流） 7. 传授激流中的各种技术 8. 不断提高专项负荷 9. 传授激流战术知识，包括提高激流划船效果、突出速度能力。如何结合水流变化，形成个人技术风格 10. 传授初步的流体力学知识、读水和设计线路的知识 11. 培养激流专项发展动机 12. 传授运动心理技能：目标设置、模拟训练、心理稳定等 13. 培养一般心理品质：自律能力、人生志向、价值观等 14. 传授相关理论知识（生理、营养、医学等） 15. 传授程序化参赛的知识 16. 传授女运动员注意控制脂肪增长的知识

续表

	基础教育阶段（9岁以下）	基础训练阶段（10～12岁）	专项准备阶段（13～15岁）	竞技能力的发展和提高阶段（16～18岁）
训练任务（运动员）	1. 学会自救技术 2. 学会游泳、熟悉水性、体验与船相伴 3. 提高协调、灵敏、柔韧 了解 4. 了解船艇装备基本知识 5. 体验静水划船基本技术 6. 了解基本水流知识 7. 体验玩水的乐趣 8. 学习放松、表象、勇敢等 9. 尊重人、守纪律、负责任	1. 学会缓流自救技术 2. 体会人船合一 3. 提高基本运动技能 4. 发展协调灵活性/反应速度/平衡能力 5. 正确使用船艇装备 6. 掌握静水缓流划船基本技术 7. 体验缓流划船 8. 初步认识水流类型和特点 9. 体验划船的乐趣 10. 学习注意、思维、意志等 11. 提高评价他人和自我评价能力 12. 扩大知识面	1. 学会激流自救技术 2. 体会人船水合一 3. 提高专项身体素质 4. 了解船艇装备保养知识 5. 掌握缓流划船基本技术 6. 学习基本激流划船技术 7. 学习划行线路设计知识 8. 体会激流回旋的乐趣 9. 学会情绪调节、战术思维等 10. 提高人际沟通能力、生活习惯良好 11. 学会使用专项知识技术 12. 适当参与比赛，学习参赛知识，感受比赛气氛	1. 提高自救意识 2. 体会人船水桨合一 3. 提高全面专项素质 4. 独立完成船艇装备的保养 5. 完善静水缓流技术 6. 掌握激流基本技术 7. 提高技术动作的实效性和经济性，形成个人的技术、战术风格 8. 能独立设计划行路线 9. 建立激流专项发展目标 10. 学会目标设置、模拟训练、心理稳定等 11. 提高训练的自觉性、目的性 12. 能够提出训练建议 13. 建立参赛模式，赛中勇敢、沉着、应变

（三）不同年龄阶段的激流回旋运动员的训练内容及学习顺序

构成运动训练方法的主要因素有：（1）练习动作极其组合方式；（2）负荷及其变化方式；（3）过程安排及其变化；（4）信息传递方式等。

激流回旋项目的学习内容的难易程度可以分为几种情况（几个维度），每种情况（每个维度）又可以分为几个水平。

（1）水流情况：静水、缓流、激流。

（2）水门情况：无门、有门（过水流、过水门）。

（3）操桨情况：徒手、持桨。

（4）划行线路：直线、曲线。

（5）划行方向：前、后（倒划）；左、右（横移）。

（6）旋转方向：x 轴、y 轴、z 轴。

（7）船的方向：正船、侧船。

（8）翻滚：持桨、徒手。

（9）其他。

根据前述激流回旋运动员不同年龄阶段的训练指导思想、训练目标、训练任务，以及我国激流回旋教练员的训练经验，激流回旋青少年运动员的各年龄阶段的训练内容汇集如下。

其主要包括以下方面：1. 游泳自救；2. 水感船感；3. 身体；4. 船艇装备使用；5. 技术；6. 战术（水流/读水/线路）；7～9. 心理（兴趣动机志向，心理技能，品质）；10. 文化；11. 参赛。

1. 基础教育阶段（9 岁以下）的训练内容

（1）自救和水感、船感训练（静水）

水感是指运动员对水流的速度、方向、力量等特点的感知能力。也就是对水的浮力和阻力及其大小和方向的感知。运动员根据水感，做出各种相应动作，以维持自身的平衡和呼吸。

船感是指运动员对船艇运动的感受能力。运动员根据船感，做出各种相应动作，以维持自身与船只的平衡。

训练内容如下。

①安全自救方法。

②游泳训练：学会 1～3 种泳姿。

③水感训练方法：各种泳姿练习，屏气抱膝前滚翻、后滚翻，屏气握杆（胸前屈臂横握）侧滚翻等。

④船感训练方法：上下船练习，反复体会与船相伴的感觉。

（2）身体训练

①柔韧性练习。

②反应速度练习。

③灵敏性练习。

④平衡协调性练习。

⑤力量练习。

⑥垫上体操练习（前后滚翻等）。

⑦功能性练习。

⑧适当长游：3 种泳姿混合达到 300 米以上。

⑨长跑。

（3）船艇装备操作能力训练

了解船艇装备基础知识：船、桨等器材的保养和使用，下水服装的佩戴（头盔、救生衣、围裙、防水服、绑腿等），正确的抬船姿态、上船下水动作、划艇的扣带和绑腿带、起水上岸、倒水的动作等。

（4）技术训练（静水无门过水流：直划、旋转、徒手、持桨、皮艇、划艇）

①学习坐船的姿态：皮艇坐船和划艇跪坐船的姿态。

②翻滚自救练习：爱斯基摩翻滚、人船分离、游向岸边等脱困动作。

③直划技术（静水徒手）：向前和向后的直划。

④旋转划技术（静水徒手）：向左和向右的旋转划。

⑤横移技术（静水徒手）：向左和向右的横移。

⑥直划技术（静水持桨）：向前和向后的直划。

⑦划艇换边直划技术（静水持桨）：左（右）桨选手换右（左）桨划。

（5）战术：读水能力训练

观察水流如：区分主水流和分水流。

（6）心理训练

培养对运动、水流的兴趣。

心理技能训练：注意力训练、感受性训练、表象训练等，减除恐惧心理的训练。

团队游戏活动：建立尊重人、守纪律、负责任的素质，良好生活习惯，合理的作息时间。

2. 基础训练阶段（10～12岁）

（1）自救和水感、船感训练（静水、缓流）

①安全意识：下水必须所有装备穿戴齐全（穿戴头盔、救生衣等）。静水自救技术（见技术训练）

②趣味性的水上漂浮物平衡控制练习，可用泡沫块、轮胎、竹竿等。

③在缓流中游泳和漂流。

④体验缓流中的划行，体会不同方向、不同大小的水流对船的作用。

（2）身体训练

①以发展协调、灵敏、柔韧练习为主的全面进行身体训练；

②垫上体操练习：侧手翻、倒立等。

③适当有氧耐力训练：长划、长跑。

④功能性练习：瑞士球、平衡垫（稳定性、核心力量）。

（3）船艇装备基本保养能力训练

学会使用船艇装备。观察和了解船艇的基本保养：修补、打蜡、打磨、调胶等。

（4）技术训练（静水过水流、过门，徒手、持桨，皮艇、单划、双划）

①熟练静水基本自救技术：A. 持桨翻滚自救：前翻拨桨、后翻压桨。B. 徒手翻滚自救：双手翻滚、单手翻滚。C. 利用救生衣自救等。

②学习和掌握静水中的多种基本划船技术，直线前划、倒划、侧划、横移、旋转等。

③静水中的过水门游戏：3 ~5 门组合、8 字划行、利用各种动作随意过门等。

④观看简单的基本技术录像。

●皮艇技术

A. S 形划行：插桨、拨桨、插拔桨，推桨、挡桨等。

B. 直划技术：正船前划、侧船前划，单桨叶前划、双桨叶前划（大力度、满桨叶水的）。

C. 倒桨后划技术：直行。

D. 横移技术：左横移、右横移。大“8”字运桨、小“8”字运桨。

E. 停船技术：向前划的过程中，一桨停船。

F. 侧摆船技术：举起桨来。

G. 旋转技术：360 度水平旋转、拨桨旋转，头前、头上、头后 3 种幅度的插桨旋转（也叫前拉旋转）、后压旋转，插拔桨接后压旋转，单侧后压接插桨旋转（也叫前拉旋转），反手拉桨旋转。

●单划技术

A. 向前直划技术：正手直划，反手直划，左侧船划，右侧船划，S 形划。

B. 横移技术：左横移、右横移。

C. 旋转技术：正手、反手拨桨旋转，正手前拉桨旋，反手拉桨转圈，正手压桨转圈，正反手推桨旋转。

D. 倒划技术：单边、两侧倒桨直划。

E. 徒手翻滚技术：单手、双手翻滚。

F. 持桨翻滚技术：前翻、后翻拨桨翻滚，反手压桨翻滚，正侧位压桨翻滚等等。

（5）战术：读水能力训练

通过漂流、观察和录像讲解等，初步认识和掌握水流类型和特点。

（6）心理训练

①培养对划船的兴趣，勇敢。

②心理技能训练：表象训练、放松训练、思维训练等。

③团队教育活动：通过赏识教育和挫折教育，提高运动员评价他人和自我评价能力。提高生活自理能力。

3. 专项准备阶段（13～15 岁）

（1）自救和水感、船感训练（缓流、激流）

①安全意识，缓流自救技术。

②缓流游泳、划船，简单激流玩浪等水感、船感练习。

③学习如何利用水流。

④培养激流意识。

(2）身体训练

①以发展专项素质为主的协调、灵敏、柔韧等身体训练。

②专项力量训练：在低负荷肌肉群力量训练同时，安排50%负荷力量训练。

③垫上体操练习（侧空翻、踩平衡木进行简单肢体动作等）。

④有氧耐力跑、变速跑、反应跑等；适当船型的静水有氧长划。

⑤适当无氧训练：逆水流冲刺等。

(3）船艇装备操作能力训练

学习和掌握船艇保养技术：修补、打蜡、打磨、调胶等。

(4）技术训练（静水、缓流有门、激流；皮艇、单划、双划）

①熟练缓流基本自救技术。

②在保持正确技术动作的基础上，快速的基本技术练习（静水中）。

③过门技术训练（静水）。

④缓流中的基本划船技术（直线前划、倒划、侧划、横移、旋转等）。

⑤缓流有门、无门练习。

⑥激流体验：跳落差的技术练习。

⑦适当参加比赛，感受比赛气氛，检验基础划船的表现能力。

●皮艇技术

A. 过门感觉的基础训练：水门单门“8”字向前转3圈，水门单门“8”字后进转3圈，90度船直立技术，米兰诺技术。

B. 过门技术（顺水门）：前拉桨过门，拨桨过门，低肩过门，后压桨过门，背向过门技术，S型顺水过门技术。

C. 过门技术（逆水门）：前拉接拨桨出门，前拉桨一桨出门，拨桨一桨出门，后压桨一桨出门，S 型逆水门出门，正反手推桨过门，撑石头（墙壁）技术，等等。

●**单划技术**

A. 过门感觉的基础训练：水门单门“8”字向前转 3 圈，水门单门“8”字后进转 3 圈，90 度船直立技术。

B. 过门技术（顺水门）：正手前拉桨过门，反手拉桨过门，左转背向过门，右转背向过门。

C. 过门技术（逆水门）：正手前拉桨过门，正手压桨过门，反手拉桨过门，撑石头（墙壁）技术。

●**双划技术**

A. 基本技术：前划技术（左侧船划、右侧船划）；横移技术（左横移、右横移）；后划技术（两边倒桨直划）；徒手翻滚技术；持桨翻滚技术（领桨正手压桨、跟桨反手压桨，领桨反手压桨、跟桨正手压桨、领桨换手等翻滚技术）。

B. 过门感觉的基础训练：水门单门“8”字向前转 3 圈；水门单门“8”字后进转 3 圈。

C. 过门技术（顺水门）：领桨手前拉桨、跟桨手拨桨的过门；领桨的后桨、跟桨手拨桨的过门；领桨手拨桨、跟桨手前拉或跟桨手后压桨的过门；左转背向过顺水门；右转背向过顺水门；倒桨横移过门。

D. 过门技术（逆水门）：左逆水门；右逆水门；左侧过 S 逆水门；右侧过 S 逆水门。

（5）战术：读水能力训练

①通过缓流中划船练习，逐渐进入激流的跳落差练习。

②了解不同水流的特点及其与控船的关系。

③划行线路的录像分析，初步了解划行路线的设计。

(6) 心理训练

培养对激流的兴趣，精进努力。

①心理技能训练：自我暗示训练、表象训练、思维控制训练、情绪调控训练等。

②团队交流活动：强化训练动机，提高人际沟通能力（尤其是双划选手）。自我管理，建立良好生活习惯。

(7) 组织基本功比赛（队内）

了解比赛规则，培养参赛意识，建立参赛目标。

4. 竞技能力的发展和提高阶段（16～18岁）

(1) 自救和水感、船感训练（缓流、激流）

①自救意识。

②激流中的徒手横渡、持桨横渡、背向划行、翻滚、游泳等。

③体会船与水流的相互作用。

(2) 身体训练

①提高全面专项身体素质，以协调、灵敏、柔韧为主的全面进行身体训练。

②力量训练：加入适量次最大力量、最大力量的训练。

③平衡、核心稳定性训练：瑞士球、实心球、平衡垫。

④耐力跑、变速跑、反应跑等。

⑤无氧耐力训练。

⑥耐力训练：适当船型的静水长划。

⑦阻力划、负重划。

(3) 船艇装备操作能力训练

独立完成船艇装备的保养、修补。

（4）技术训练（激流专项训练，皮艇、单划、双划）

①继续夯实全面基本技术（静水和缓流）。

②组合门练习（静水和缓流）。

③激流中的过水流的技巧（即：借水流过门）。

④技术录像分析，比较他人与自己的异同。

●皮艇、双划、单划激流过水流技术

A. 横渡水流。

B. 跳落差。

C. 驻浪。

D. 破浪。

（5）战术：读水能力训练

①学习初步的流体力学知识：跌坎流、剪切流，以及漩涡（涡流）的形成原理。

②了解和掌握人船水桨合一的基本原理。

③划行线路录像分析，学会设计划行路线。

（6）心理训练

培养激流回旋专项发展志向。

①心理技能训练：目标设置训练、表象训练、情绪调节训练、放松训练、模拟训练等。

②团队交流互动：提高训练的自律性，养成良好生活习惯，自我约束。树立人生志向、价值观。

（7）组织缓流、激流比赛

掌握比赛规则。通过参加比赛，建立较成功的参赛模式。

（四）不同年龄阶段激流回旋运动员的训练负荷

根据运动训练原则，要循序渐进地提高负荷量和负荷强度。基础训练阶段（15 岁以下）的负荷特点是“循序渐进、留有余地”。专项提高阶段（17 岁以下）的负荷特点是“逐年增加、逼近极限”。在由基础训练阶段向专项提高阶段转换时，训练负荷是一个很重要的问题，必须给予充分的重视。表 3－3 为不同年龄阶段运动员得训练负荷量。

1. 不同年龄运动员周训练课次有所区别。儿童在基础训练阶段初期，每周训练 3～4 次即可。随着运动员年龄的增长及竞技水平的提高，特别是运动员承受负荷能力地提高，周训练次数与课训练时间都有所增加。

表 3－3　不同年龄阶段运动员得训练负荷量

阶段名称	基础教育阶段（9 岁以下）	基础训练阶段（10～12 岁）	专项准备阶段（13～15 岁）	竞技能力发展和提高阶段（16～18 岁）
每周训练次数	2～4 次	4～6 次	6～8 次	8～12 次
每次训练时间	1～1.5 小时	1～2 小时	2～2.5 小时	2～2.5 小时

2. 对于青少年运动员，在一周训练中，安排 2～3 次高强度课，既实加了必要的训练刺激，同时也有利于运动员的生长发育。

3. 要确立适宜的负荷增长目标，循序渐进地提高负荷量和负荷强度，注意不同训练阶段运动员负荷安排的不同要求。

4. 对训练负荷实施科学监控。

二、竞赛的组织安排与要求

（一）竞赛导向

1. 安排竞赛应注意与运动员所处的训练阶段的负荷保持一致。

2. 竞赛水平和竞赛负荷要循序渐进。

3. 结合青少年的身体发育与能力发展特点，避免给他们造成过大的参赛负荷。

（二）不同年龄阶段的激流回旋比赛的作用、意义、方法和形式

表 3－4 为不同年龄阶段激流回旋运动员的竞赛安排。

表 3－4 不同年龄阶段激流回旋运动员的竞赛安排

阶段名称	基础教育阶段（9 岁以下）	基础训练阶段（10～12 岁）	专项准备阶段（13～15 岁）	竞技能力发展和提高阶段（16～18 岁）
竞赛的作用、意义与导向	1. 培养参赛乐趣和竞争意识 2. 了解比赛过程 3. 检验训练效果	1. 学习比赛技巧 2. 了解比赛规则 3. 承受比赛结果 4. 积累比赛检验 5. 检验训练效果	1. 建立参赛目标 2. 培养比赛技战术意识 3. 总结比赛经验 4. 检验训练效果	1. 建立成功参赛模式 2. 熟悉竞赛规则、兴奋剂检测要求 3. 完善参赛技战术 4. 提高心理调节能力 5. 检验训练效果
竞赛方法与内容	1. 身体素质比赛 2. 水性、水感比赛	1. 身体素质比赛 2. 静水基本功比赛	1. 身体素质比赛 2. 缓流基本技术比赛 3. 实地观摩、适当参与比赛	1. 激流基本技术比赛 2. 参加正式比赛

续表

阶段名称	基础教育阶段（9 岁以下）	基础训练阶段（10 ~ 12 岁）	专项准备阶段（13 ~ 15 岁）	竞技能力发展和提高阶段（16 ~ 18 岁）
场地	静水	静水	静水、缓流	缓流、激流
竞赛形式	以游戏为主 教学性比赛	教学性比赛 检查性比赛	教学性比赛 检查性比赛 模拟性比赛	教学性比赛 检查性比赛 模拟性比赛 正式比赛
参赛者	儿童游戏赛 U10	少年乙组 U13	少年甲组 U15	青年赛 U18
比赛组织者	队内教学比赛	省内比赛	省比赛 全国青少年比赛	全国青年比赛 全国成年比赛

（三）竞赛方法与形式

根据比赛规则、比赛项目和场地器材要求而定。

四、各年龄段青少年激流回旋运动员的考核与评价

（一）各年龄阶段的考核内容

不同年龄阶段激流回旋运动员的考核内容不同。考核内容的选取依据是：参考2008版大纲；总结多位教练员的经验。

各年龄阶段考核内容包括体能、技术、战术、心理和水感和船感几大类。表3-5为不同年龄阶段激流回旋运动员的考核安排。

（1）体能包括力量（一般力量、专项力量）、耐力、速度、灵活性、协调性等。

（2）技术包括游泳、翻滚、过水流（直划：前/后方向，旋转）、过水门。分别涉及静水、缓流、激流。

（3）心理、水感船感、勇敢、各种水流玩浪动作等。

表3-5 不同年龄阶段激流回旋运动员的考核安排

序	类别	年龄阶段及考核项目			
		9岁以下	10~12岁	13~15岁	16~17岁
一般素质	力量：仰卧起坐	不计时，尽量做	30秒	60秒	60秒
	力量：背起	不计时，尽量做	30秒	60秒	60秒
	力量：俯卧撑	不计时，尽量做	30秒	60秒	60秒
	力量：引体向上	不计时，尽量做	30秒	60秒	60秒
	力量：握力（可选）	握力计			
	速度、爆发力	30米跑、立定跳远	30米静水冲刺，等动力量（可选）		

续表

<table>
<tr><td rowspan="2">序</td><td rowspan="2">类别</td><td colspan="4">年龄阶段及考核项目</td></tr>
<tr><td>9 岁以下</td><td>10～12 岁</td><td>13～15 岁</td><td>16～17 岁</td></tr>
<tr><td rowspan="9">一般素质</td><td>灵活性、协调性、起动加速（神经调动、制动能力）</td><td>徒手操
学习能力</td><td>徒手操
学习能力</td><td>T 形跑</td><td>6＊7 米
折返跑</td></tr>
<tr><td>马步前抛药球</td><td>—</td><td>1kg</td><td>2kg</td><td>3kg</td></tr>
<tr><td>马步后抛药球</td><td>—</td><td>1kg</td><td>2kg</td><td>3kg</td></tr>
<tr><td>弓步右转抛药球</td><td>—</td><td>1kg</td><td>2kg</td><td>3kg</td></tr>
<tr><td>弓步左转抛药球</td><td>—</td><td>1kg</td><td>2kg</td><td>3kg</td></tr>
<tr><td>综合素质（根据年龄酌减量和强度）</td><td colspan="4">起点—（10 米直跑）＋（10 米往返跑绕杆 ×3）＋（5 米爬绳碰铃铛）＋（60 厘米/80 厘米/1 米跳台 ×10 次，双脚跳，双脚着地，跳起要摸铃铛）＋（抱 10/15 千克/20 千克杠铃片跑 10 米绕杆 ×2＋（5 米左右手悬吊前进 ×2）＋（30 米跑）—终点</td></tr>
<tr><td>有氧能力①（耐力、意志）</td><td>1000 米跑，或长游</td><td colspan="2">2000～3000 米跑</td><td>3000～4000 米跑</td></tr>
<tr><td>基础能力（协调性）</td><td colspan="4">FMS 功能性运动能力</td></tr>
<tr><td colspan="5"></td></tr>
<tr><td rowspan="4">专项素质</td><td>力量：球上悬吊拉</td><td>—</td><td>30 秒</td><td>60 秒</td><td>60 秒</td></tr>
<tr><td>力量：球上悬吊俯卧撑</td><td>—</td><td>30 秒</td><td>60 秒</td><td>60 秒</td></tr>
<tr><td>力量：卧推、卧拉</td><td>—</td><td>—</td><td>1RM 卧推</td><td>1RM 卧推</td></tr>
<tr><td>力量：斜拉（单手单脚）</td><td>—</td><td>30 秒</td><td>40 秒</td><td>50 秒</td></tr>
</table>

① 视场地条件，可以改为长游、长划，更接近专项。

续表

序	类别	年龄阶段及考核项目			
		9 岁以下	10～12 岁	13～15 岁	16～17 岁
专项素质	力量：单杠收腹转体		30 秒	60 秒	60 秒
	力量：杠铃左右转体（单固定）	—	30 秒	60 秒	60 秒
	力量：左右侧拉等动器	—	30 秒	60 秒	60 秒
	力量：持杠铃片转体		30 秒	60 秒	60 秒
	耐力（静水耐力划）	—	1000～3000 米划		2000～4000 米划
专项技术	专项技术 1（静水）	—	翻滚（皮、划）	—	—
	专项技术 2（静水）	直划动作 徒手、持桨	旋转计时 左右各三圈	5 门×5 圈（计速度）	5 门×5 圈（计速度）
	专项技术 3	—	—	—	10 米双门 1 分钟（计桨数距离）
	专项技术 4	—	倒划 + 横移（10 ～ 30 米）		
心理	专项感觉或专项意识	游泳学习能力 水上游戏比赛	激流和缓流中的游泳、跳水	缓流玩浪：漂下、过浪、过门、小落差跳水	借浪、徒手横渡、背向等

（二）各项考核内容的指标

表 3－6 为各项考核的指标。

表 3－6　各项考核的指标

考核的内容		指标
身体素质方面		
力量	仰卧起坐	规定时间内所完成的个数
	背起（测试背部力量和全身协调性）	
	俯卧撑	
	60 秒引体向上	
	卧推（测最大力量）	
	卧拉（测最大力量）	
	斜拉	
	力量：单杠收腹转体	
	力量：杠铃左右转体（单固定）	
	力量：左右侧拉等动器	
	力量：持杠铃片转体	
耐力	长跑（1000～3000 米），或长游 静水耐力划（1000～4000 米）	完成规定距离所用时间
速度	短跑（30 米） 立定跳远	时间 距离
灵活性	折返跑（7 米×6 次）（测试队员快速起动能力） T 形跑	时间
核心稳定性	球上悬吊拉（测核心稳定的上肢力量耐力） 球上悬吊俯卧撑（测核心稳定的上肢力量耐力）	个数

续表

考核的内容		指标
协调性	徒手操（测动作学习能力、协调性）	动作质量
	马步前抛药球 马步后抛药球 弓步右转抛药球 弓步左转抛药球	抛出距离
综合素质（根据年龄酌减量和强度）	起点—（10 米直跑）+（10 米往返跑绕杆 ×3）+（5 米爬绳碰铃铛）+（60 厘米/80 厘米/1 米跳台 × 10 次，双脚跳，双脚着地，跳起要摸铃铛）+（抱 10/15 千克/20 千克杠铃片跑 10 米绕杆 ×2 +（5 米左右手悬吊前进 ×2）+（30 米跑）—终点	所用时间
身体功能方面	FMS 功能性运动能力测试	动作质量
技术方面	翻滚（皮艇、划艇） 静水直划（徒手、持桨） 缓流、激流中的控船动作 5 门 ×5 圈 10 米双门 旋转计时（左右各 3 圈，静水） 倒划 + 横移（10 ~ 30 米）	动作质量 速度 准确性 桨数 距离 速度 速度
水感船感方面（静水、缓流、激流中的控船能力）	游泳（1 ~ 3 种泳姿，静水、缓流） 水上游戏比赛	学会的速度
	激流和缓流中的游泳、跳水	果断程度
	缓流玩浪：漂下、过浪、过门、小落差跳水	判断、勇敢
	借浪、徒手横渡、背向等	人船水桨合一程度、动作效果

（三）各项考核的操作方法及细则

1. 身体素质方面

（1）力　量

① 仰卧起坐

A. 器材：体操垫。

B. 组织方式：先示范。1～3 人同时测试，另有同伴压住脚，1 人计时，1 人记录。

C. 要求。

a. 准备姿势：平躺，两脚并拢，膝盖弯曲，保持双手在头后。

b. 动作过程和要求：左肘碰右膝；还原；右肘碰左膝；还原；上起时屁股不能离地、腰背挺直，下落时双肩不能触地。反复提示动作要求。

c. 易出现的错误动作：手离开头部；双肘触碰大腿内侧；臀部离开垫子。

D. 成绩指标。

a. 不计时计数，或 30、60 秒计数。

b. 对未达到标准的动作，不计数，直到标准动作出现，再接着计数。

② 背起（测试背部力量和全身协调性）

A. 器材：背起架，或桌子、乒乓球台、体操垫。

B. 组织方式：示范。1～3 人同时测试，另有 1～3 人压腿，1～3 人计数。

C. 要求。

a. 准备姿势：俯卧在台子上，髂骨两端连线与台子边缘重合，双人扶住小腿和双脚，身体自然下垂至与地面成45度，头朝下，双手抱头，双肘撑开。

b. 动作过程和要求：背部发力向上挺起，至与腿平行；还原至起始位置，重复动作。反复提示动作要求。可在俯下的位置拴根绳子，每次俯下必须触碰绳子，仰起必须略超过腰背水平位置。

c. 易出现错误动作：腿部发力，大腿离开台子；向下时，幅度没有超过45度；向上起时，没有抬平；髂骨两端连线没有与台子边缘重合。

D. 成绩指标。

a. 不计时计数，或30、60秒计数。

b. 对未达到标准的动作，不计数，直到标准动作出现，再接着计数。

③ 俯卧撑

A. 器材：体操垫。

B. 组织方式：先示范，1～3人同时测试，另有同伴计数。

C. 要求。

a. 准备姿势：手指朝前撑地，双腿伸直并拢，肩、背、臀成一平面。

b. 动作过程和要求：动作时保持肩、背、臀在同一平面，不要低头；向下屈臂时大臂与地面夹角必须小于45度；反复提示动作要求。

c. 易出现的错误动作：低头；身体未成一整体撑起；撑起的时候手臂未伸直；屈臂时大臂与地面夹角大于45度。

D. 成绩指标。

a. 不计时计数，或30、60秒计数。

b. 对未达到标准的动作，不计数，直到标准动作出现，再接着计数。

④ 60 秒引体向上

A. 器材：秒表。

B. 组织方式：先示范。1～3 人同时测试。

C. 要求。

a. 准备姿势：双手正握，手臂伸直。

b. 动作过程和要求：上拉至下颌过杠（身体可摆动）；回落至手臂伸直；反复提示动作要求。

c. 易出现的错误动作：上拉下颌未过横杠；回落胳膊未伸直。

D. 成绩指标。

a. 不计时计数，或 30、60 秒计数。60 秒内可落地休息

b. 对未达到标准的动作，不计数，直到标准动作出现，再接着计数。

⑤ 卧推（测最大力量）

A. 器材：杠铃、卧拉凳。

B. 组织方式。

C. 要求。

a. 准备姿势：头、背及臀紧贴凳面，保持挺胸姿势，腰部拱起，与凳间距离为可顺利平插一个手掌。握距略宽于肩，但不可过宽，躯干不可扭动。

b. 动作过程和要求：卧推：左右均衡用力，两臂同时伸展，横杠始终垂直于躯干，平行于地面；向下时，杆触及胸，向上时推直。

c. 易出现的错误动作：两脚蹬地借力；臀部和背部离开凳面，不是 5 点支撑。

D. 成绩指标。

a. 1000 米，计数。

b. 对未达到标准的动作，不计数，直到标准动作出现，再接着计数。

【编写要求：重量】女子 U14（10 千克），U16（15 千克），U18（20 千克）；男子 U16（25 千克），U19（30 千克）。

⑥ 卧拉（测最大力量）

A. 器材：杠铃、卧拉凳。

B. 组织方式。

C. 要求。

a. 准备姿势：上体俯在凳子上，头部不要缩。

b. 动作过程和要求：向上时，杆碰到卧拉架；反复提示动作要求。

D. 成绩指标。

⑦ 斜　拉

A. 器材：杠铃、杠铃椅。

B. 组织方式。

C. 要求。

a. 准备姿势。

b. 动作过程和要求：向上时，杆碰到卧拉架；反复提示动作要求。

c. 易出现的错误动作：未拉满全程。

D. 成绩指标。

a. 1000 米，计数。

b. 对未达到标准的动作，不计数，直到标准动作出现，再接着计数。

（2）耐　力

① 长跑（1000 米、2000 米、3000 米），或长游（测有氧耐力）

A. 器材：秒表、号码牌。

B. 组织方式：田径场，两位测试人员计时，1 位测试人员记圈数。

C. 要求：尽可能快地跑完规定距离。

② 静水耐力划

A. 场地：静水。

B. 要求：保证桨效，并力求尽快划完规定距离。

C. 成绩指标。

（3）速　度

短跑（1000 米、2000 米、3000 米），或长游（测速度）

要求：尽可能快地跑完规定距离。

（4）灵活性

① 折返跑（7 米×6 次）（测试队员快速起动能力、转换能力）

A. 器材：卷尺，水瓶 2 个。

B. 组织方式：先示范。测试前先热身，然后试跑 2～3 次。测试时，最后测试的 2 名同学在两端扶瓶。测试人员一人发令和计时，一人监督动作质量。

C. 要求。

a. 准备姿势：7 米直线跑道，两端各竖一水瓶，两人扶瓶。一端发出。

b. 动作过程和要求：听起泡口令，起跑；用手推倒水瓶、折返；往返 3 次（推倒 5 次水瓶），最后冲刺过线。

c. 易出现的错误动作：用脚踢开水瓶；未触到水瓶就折返。出现错误动作时，提示动作要领并重测。

D. 成绩指标：计时。

② T 形跑

A. 器材：画笔、尺子。

B. 组织方式：划出 A、B 两条跑道，长约 5 ~ 10 米，相互成 T 字形。

C. 动作过程和要求：从远端开始起跑，按照口令在交叉点向左，或向右变向跑。

D. 成绩指标：跑动中变相的对错、跑速。

（5）协调性

徒手操（测动作学习能力、协调性）

A. 要求：学习一套体操动作。

B. 成绩指标：动作幅度、弹跳高度、姿势合理、力度适中、速度轻快、动作协调平稳、节奏鲜明。

（6）核心稳定性

① 球上悬吊拉（测核心稳定的上肢力量耐力）

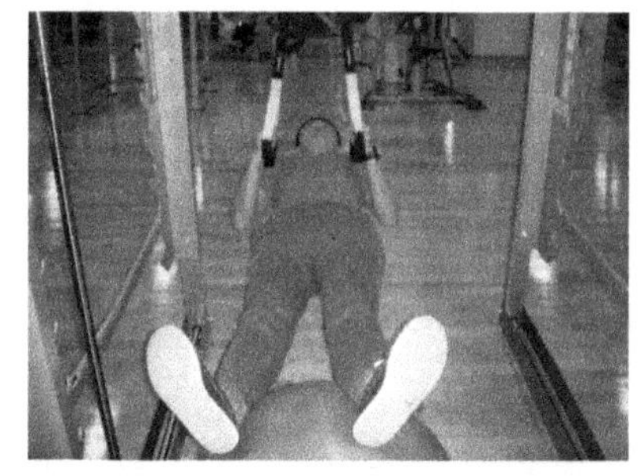

A. 器材：拉力器、吊绳、瑞士球。

B. 组织方式：先示范。1 ~ 3 人同时测试，另有同伴计数。

C. 要求。

a. 准备姿势：面向上，两手抓悬吊绳，两脚在球上，保持头、背、臀、腿呈一条直线，手臂伸直。

b. 动作过程和要求：手臂屈收至胸，记为一次；反复提示动作要求。

c. 易出现的错误动作：（1）手臂未伸直。（2）塌腰。

D. 成绩指标。

a. 30、60 秒，计悬吊拉的次数。

b. 对未达到标准的动作，不计数，直到标准动作出现，再接着计数。

② 球上悬吊俯卧撑（测核心稳定的上肢力量耐力）

A. 器材：拉力器、吊绳、瑞士球。

B. 组织方式：先示范。1 ~ 3 人同时测试，另有同伴计数。

C. 要求。

a. 准备姿势：面向地面，两手抓悬吊绳，两脚在球上，保持头、背、臀、腿呈一条直线，手臂伸直。

b. 动作过程和要求：手臂屈收至胸，记为一次；反复提示动作要求。

c. 易出现的错误动作。

D. 成绩指标。

a. 30、60 秒，计悬吊俯卧撑的次数。

b. 对未达到标准的动作，不计数，直到标准动作出现，再接着计数。

（7）抛药球

A. 器材、米尺、药球、石灰。

B. 组织方法，先示范。

C. 要求。

a. 马步采用正面发力和背面发力，统一划分起点，通过测量距离获得相对应的成绩数据。

b. 弓步采用左右侧面发力，统一划分起点，下方膝盖着地，后小腿与地面持平，前面膝盖呈 90 度直角，左脚前抛左面，右脚前抛右面。通过测量距离获得相对应的成绩数据。

D. 成绩指标：按照抛球距离计算成绩，得出数据。

（8）综合素质

A. 器材。

B. 组织方法。

C. 要求。

a. 动作内容及其顺序：起点——（10 米直跑）＋（10 米往返跑绕杆×3）＋（5 米爬绳碰铃铛）＋（60 厘米/80 厘米/1 米跳台×10 次，双脚跳，双脚着地，跳起要摸铃铛 ）＋（抱 10/15 千克/20 千克杠铃片跑 10 米绕杆×2＋（5 米左右手悬吊前进×2）＋（30 米跑）——终点。

b. 每个项目之间间隔 2 米~10 米之间。

D. 成绩指标：除了跳台是计数外，其他都是计时间，算起点到终点过程中完成的快慢得出成绩。（一般竞赛时间在 60 秒~110 之间）

E. 项目说明。

a. 10 米直跑——突出爆发力，速度能力。

b. 10 米绕杆跑×3——突出高速下的协调能力和转向能力、加速能力。

c. 5 米爬绳碰铃铛——突出全身协调力量和个人克服自身体重的能力。

d. 60、80、100 厘米跳台摸铃铛——突出下肢爆发力和全身协调能力，60、80、100 厘米对应不同的年龄阶段。

e. 抱 10、15、20 千克绕杆——突出负重情况下的全身运动能力，10、15、20 千克对应不同的年龄阶段。

f. 5 米左右手悬吊前进 × 来回——突出运动员的身体掌控能力，全省协调的力量素质。

g. 30 米冲刺跑——突出运动员的最后冲刺能力。

2. 身体功能方面

FMS 功能性运动能力测试操作指南（FMS：Functional Movement Screen），见表 3 –7。

表 3 –7　FMS 功能性运动能力测试方法

1. 深蹲测试	
目的	评价髋、膝、踝关节的双侧对称功能活动能力 通过上举杠铃杆过顶，测试胸椎和双肩的双侧对称功能活动能力
操作指南	1. 首先运动员以双足间距稍宽于肩宽站立，同时双手以相同间距握杆（肘与杆成 90 度） 2. 然后双臂伸直向上举杆过顶，慢慢下蹲致深蹲位前尽力保持双足后跟着地 3. 保持面向前抬头挺胸，杆保持在头顶以上 允许试三次，如果还是不能完成这个动作，在运动员的双足跟下各垫 5CM 厚的扳子再完成以上动作

续表

评分	3 分：	1. 杆在双足上方平行或更后 2. 躯干与胫骨平行或与地面垂直 3. 下蹲保持大腿低于水平线 4. 保持膝与足 2 或 3 趾方向一致
	2 分：	A　b　c　d 之一不能达标
	1 分：	A　b　c　d 中 2 ~ 4 个不能达标
	0 分：	测试过程中任何时候，运动员感觉身体某部位疼痛，得 0 分
 3分	 2分	 1分
2. 跳栏架		
目的	评定髋、膝、踝关节的稳定性和两侧功能的灵活性	
操作指南	1. 运动员双足并拢并足趾处于栏架下方 2. 调整栏架与运动员胫骨结界同高，双手握杆至于颈后肩上保持水平 3. 运动员缓慢抬起一腿跨过栏杆，并以足跟触地，同时支撑腿保持直立，重心放在支撑腿上，并保持稳定 4. 缓慢恢复到起始姿势，运动员有 3 次机会完成测试 5. 抬另一侧腿重复以上动作，记录最低得分	
评分	3 分：	1. 髋膝踝在矢状面上成一直线 2. 腰部几乎没有明显移动 3. 双手握杆与地面（横栏）平行
	2 分：	1. 髋膝踝在矢状面上不成一直线 2. 腰部有移动 3. 双手握杆与地面（横栏）不平行
	1 分：	1. 足碰到横杆 2. 身体失去平衡
	0 分：	测试过程中任何时候，运动员感觉身体某部位疼痛，得 0 分

续表

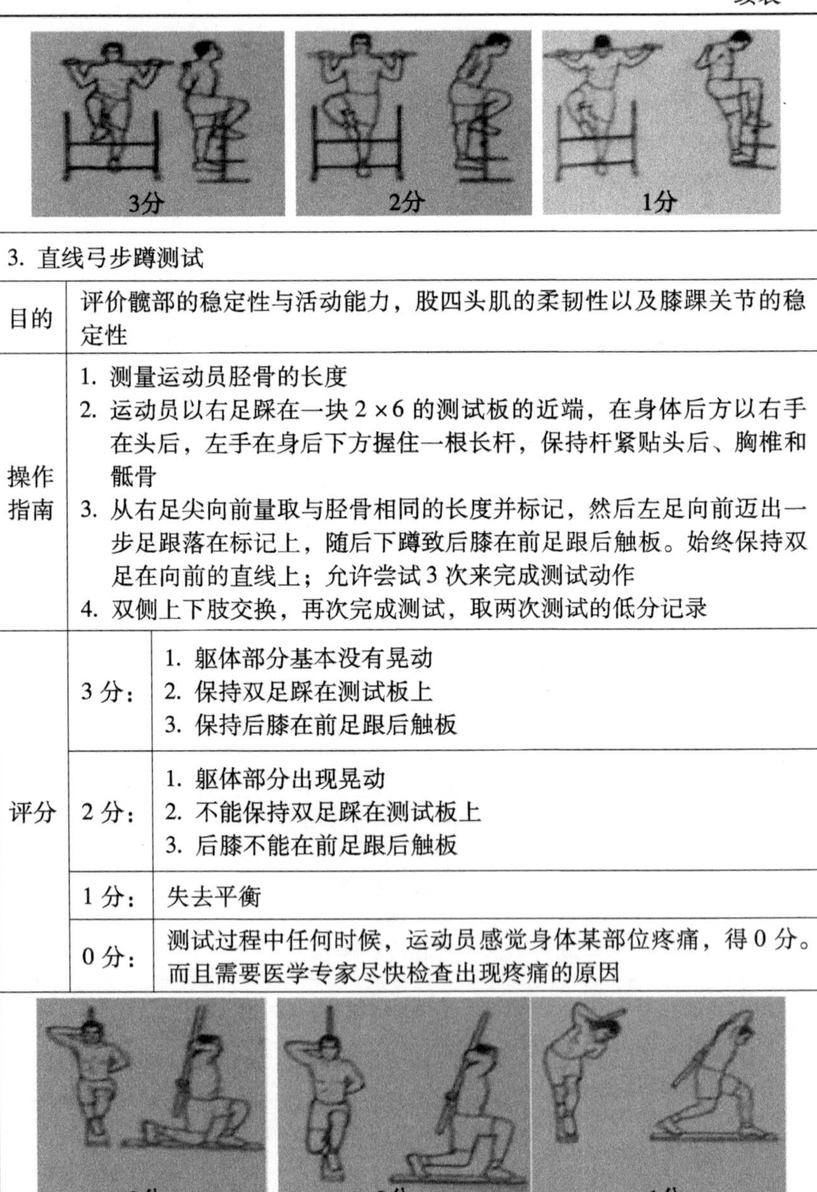

3分 2分 1分		
3. 直线弓步蹲测试		
目的	评价髋部的稳定性与活动能力，股四头肌的柔韧性以及膝踝关节的稳定性	
操作指南	1. 测量运动员胫骨的长度 2. 运动员以右足踩在一块 2 ×6 的测试板的近端，在身体后方以右手在头后，左手在身后下方握住一根长杆，保持杆紧贴头后、胸椎和骶骨 3. 从右足尖向前量取与胫骨相同的长度并标记，然后左足向前迈出一步足跟落在标记上，随后下蹲致后膝在前足跟后触板。始终保持双足在向前的直线上；允许尝试 3 次来完成测试动作 4. 双侧上下肢交换，再次完成测试，取两次测试的低分记录	
评分	3 分：	1. 躯体部分基本没有晃动 2. 保持双足踩在测试板上 3. 保持后膝在前足跟后触板
	2 分：	1. 躯体部分出现晃动 2. 不能保持双足踩在测试板上 3. 后膝不能在前足跟后触板
	1 分：	失去平衡
	0 分：	测试过程中任何时候，运动员感觉身体某部位疼痛，得 0 分。而且需要医学专家尽快检查出现疼痛的原因
3分 2分 1分		

续表

4. 肩带/肩关节活动性		
目的	综合测试评价肩关节内旋、后伸及内收能力	
操作指南	1. 运动员站立位，一只手由下向上以手背贴后背部，沿脊柱尽力上摸握住木尺 2. 另一手由上向下单手以手掌贴后背部，握木尺从上向下尽力滑动 3. 记录两拳间尺子距离（由测试者协助握好尺子，垂直地面） 4. 上下交换双手位子，重复以上测试，取低分为测试得分	
评分	3 分：	1. 保持正确的队列姿态（双肩、髋、膝及足） 2. 保持双肩水平 3. 肩胛骨紧贴躯干（没有摆动） 4. 肩关节和躯干保持在同一垂直平面上。上下两手间距离小于一只手距离（腕横纹到中指尖距离，可先测量得出数字）
	2 分：	上下两手间距离大于一只手距离，而小于 1.5 只手距离
	1 分：	上下两手间距离大于 1.5 只手距离
	0 分：	测试过程中任何时候，运动员感觉身体某部位疼痛，得 0 分。而且需要医学专家尽快检查出现疼痛的原因
 3分  2分 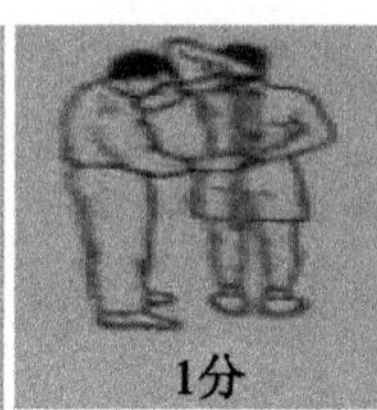 1分  0分		

5. 直腿主动上抬	
目的	评价腘绳肌与比目鱼肌的柔韧性、保持骨盆稳定性和异侧腿的主动伸展能力
操作指南	1. 运动员双手置于身体两侧仰卧，掌心向上，头平躺在地上，一侧膝盖下放置 2 ×6 木板 2. 被测腿上抬，踝背屈，膝关节伸直 3. 保持异侧腿与木板接触，且身体平躺在地面，随后以木杆放在踝关节中央，并自然下垂，与地面垂直 4. 换另一侧腿完成测试，记录最低分

续表

评分	3 分：	木杆达前侧髂骨上缘与大腿中点之间
	2 分：	木杆位于大腿中点与膝之间
	1 分：	木杆位于膝关节以下
	0 分：	测试过程中任何时候，运动员感觉身体某部位疼痛，得 0 分
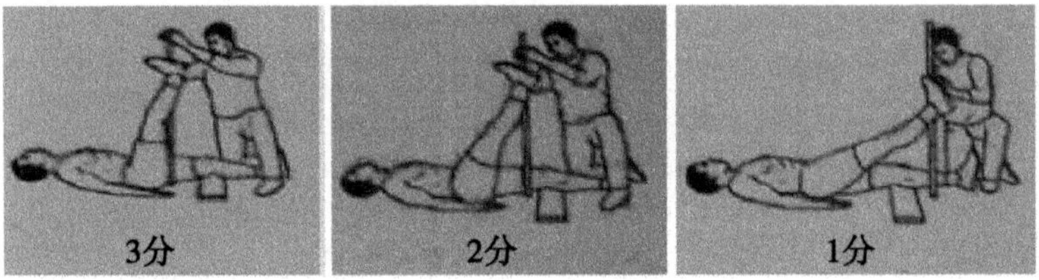 3分	2分	1分
6. 控体俯撑测试		
目的	在上肢对称性活动中，测试躯干水平面内的稳定性，同时直接测试肩胛骨的稳定性	
操作指南	1. 运动员俯卧，双足间着地，双前臂稍宽于肩撑地 2. 双手大拇指与头顶保持在一条直线上，同时双膝关节尽力伸直，女性运动员双上臂可少下移，使双手拇指与下颌保持在一条直线上 3. 腰椎保持自然伸直姿势 4. 运动员向上撑起使身体整体抬起，完成动作全过程腰部不可晃动，保持腰椎自然伸直姿势 5. 男性运动员如果不能从起始姿势完成此动作，可以上臂下移使双手拇指与下颌保持在一条直线上，再完成一次动作；如果女性运动员如果不能从起始姿势完成此动作，可以双上臂下移使双手拇指与颈部保持在一条直线上再完成一次撑起动作	
评分	3 分：	1. 从标准俯卧地面姿势开始，完成动作 2. 男性双手大拇指与头顶保持在一条直线上 3. 女性双手拇指与下颌保持在一条直线上 4. 全过程保持腰椎自然伸直姿势
	2 分：	1. 标准俯卧地面姿势，但在开始动作前运动员已经稍抬起躯体 2. 男性双手大拇指与头顶保持在一条直线上 3. 女性双手拇指与下颌保持在一条直线上 4. 全过程保持腰椎自然伸直姿势

续表

评分	1 分：	1. 男性运动员在双上臂下移的情况下勉强完成一次撑起动作 2. 女性运动员在双上臂下移的情况下勉强完成一次撑起动作 3. 不能在全过程中保持腰椎自然伸直姿势（即使可以在重复时完成标准动作）
	0 分：	1. 测试过程中任何时候，运动员感觉身体某部位疼痛 2. 或者得 3 分时，补充腰部伸展动作时出现疼痛，得 0 分
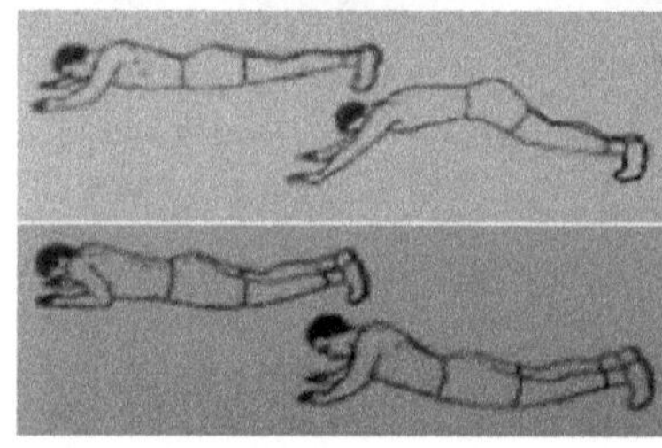 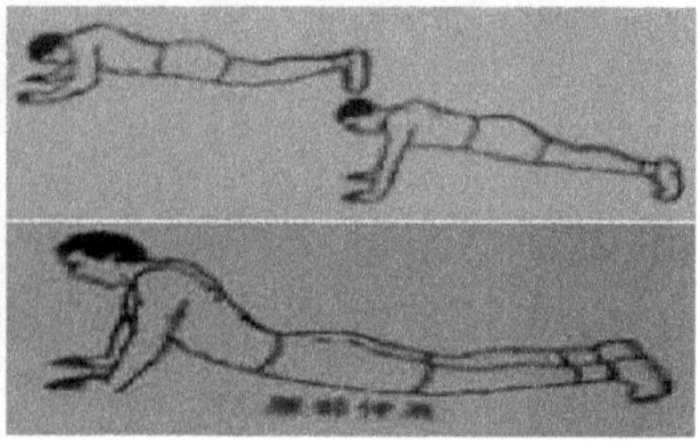		
7. 转体稳定性测试		
目的	在上下肢联合运动中测试躯干的多向稳定性	
操作指南	1. 运动员肩与躯干上部垂直，髋和膝屈曲 90 度大腿与躯干下部垂直，足背屈 2. 腰椎保持自然伸直姿势 3. 一块 2＊6 的测试板放在手与膝之间，使双手与双膝都可以触到板 4. 肩后伸，同时伸同侧髋与膝关节，运动员抬起手和腿并离地约 6 英寸。抬起的肘、手和膝必须与测试板的边线保持在同一平面内。躯干保持在与测试板平行的水平面内。全过程保持腰椎自然伸直姿势 5. 运动员肘与膝在平面内屈曲靠拢 6. 运动员可以尝试 3 次来完成测试动作 7. 如果运动员得分在 3 分以下，以同时上抬对侧肢体的方式（成对角线）完成测试动作 8. 运动员换用对侧肢体完成相同测试动作，记录最低得分	
评分	3 分：	运动员双侧肢体都能完成标准测试动作（以同侧肢体同时上抬方式），同时保持腰椎自然伸直姿势，躯干与地面平行，肘膝与测试板边线在同一平面内
	2 分：	运动员能以对侧肢体同时上抬方式完成标准测试动作，同时保持腰椎自然伸直姿势，躯干与地面平行

续表

评分	1分：	运动员以对侧肢体同时上抬方式也不能完成试动作
	0分：	1. 测试过程中任何时候，运动员感觉身体某部位疼痛 2. 或者得3分时，补充腰部弯曲动作时出现疼痛，得0分

3. **技术方面**

（1）翻滚（皮艇、划艇）

A. 场地：静水。

B. 要求：爱斯基摩翻滚、人船分离、脱困，等自我救生技术。

C. 成绩指标：翻滚效果。

（2）静水直划

A. 场地：静水。

B. 要求：划桨动作：一立三度（腰背直立、划桨大幅度、深度适中、力度迅速），发力部位正确；船艇平稳、轻快；划水满、牢、实、有效做功时间长。

C. 成绩指标：速度。

（3）缓流、激流控船动作

A. 场地：缓流、激流。

B. 要求：动作效果，姿态：一立三度（腰背立、划桨大幅度、深度适中、力度迅速）。

C. 成绩指标：驾驭船艇的能力，控船的准确性和有效性。

(4) 5 门 ×5

A. 器材：静水五门场地、门牌号（1 ~6 号）、罚分牌 2 套、秒表 4 块、扩音器 1 个、记录表格、太阳伞、裁判桌子、凳子。

B. 组织方式：运动员需按照出发秩序单规定的顺序进行，一个接一个进行，注意衔接紧凑。

C. 要求。

a. 场地布置要求：3 根铁丝间隔 5 米，单根铁丝的两个水门内杆间隔 10 米，中间一根铁丝上的门杆在中间位置。

b. 运动员的划行路线与技术要求是：必须从 1 至 6 号门顺序划行；1 号门起点线出发开始计时，第 5 轮结束后通过 1 号门终点线停表。

c. 划行中的要求是：运动员必须按照规定的路线划行，不得碰门、漏门或反方向过门，否则，将按碰门每次加 2 秒、漏门及反方向过门每次加 50 秒进行判罚。

D. 成绩指标：时间 + 5 轮罚分之和为成绩，成绩少名次排前。

E. 具体示意图及说明：表 3 – 8（A、B）。

表 3－8（A）　五门基本技术比赛线路示意图及规则与说明

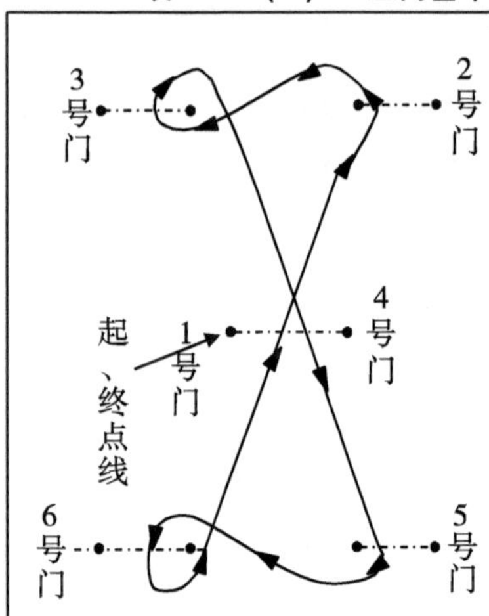	1. 运动员的划行路线与技术要求： 1 号门起点线出发开始计时，2 号门直进，3 号门右逆水，4 号门直进，5 号门直进，6 号门左逆水，1 号门直进，然后是第 2 轮，依次进行 4 轮，第 5 轮结束后通过 1 号门终点线停表 2. 划行中的要求：运动员必须按照规定的路线划行，不得碰门、漏门或反方向过门，否则，将按碰门每次加 2 秒、漏门及反方向过门每次加 50 秒进行判罚 3. 运动员需按照出发秩序单所规定的顺序进行，注意衔接紧凑

表 3－8（B）　五门基本技术比赛线路示意图及规则与说明

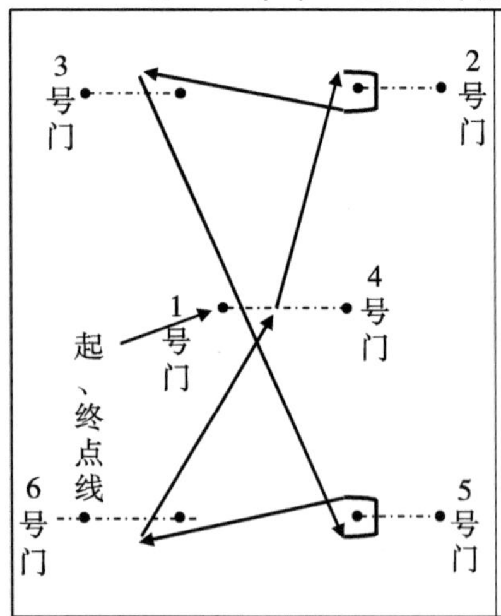	1. 运动员的划行路线与技术要求： 1 号门起点线出发开始计时，2 号门右逆水，3 号门直进，4 号门直进，5 号门左逆水，6 号门直进，1 号门直进，然后是第 2 轮，依次进行 4 轮，第 5 轮结束后通过 1 号门终点线停表 2. 划行中的要求：运动员必须按照规定的路线划行，不得碰门、漏门或反方向过门，否则，将按碰门每次加 2 秒、漏门及反方向过门每次加 50 秒进行判罚 3. 运动员需按照出发秩序单规定的顺序进行，注意衔接紧凑

（5）旋转（9～18 圈）

A. 器材。

B. 组织方式：旋转 360 度为一圈，旋转 3 圈为一个单位，之后反方向旋转 3 圈，依次类推；共 9 ~ 18 圈。

C. 要求。

a. 皮艇：左拨桨 3 圈 + 右拨桨 3 圈 + 左前拉（插）桨 3 圈 + 右前拉（插）桨 3 圈 + 左压挡桨转 3 圈 + 右压挡桨转 3 圈。

b. 单划：正手拨桨 3 圈 + 反手拉桨 3 圈 + 正手拉（插）桨 3 圈 + 反手推桨 3 圈 + 正手压挡桨 3 圈 + 反手拉桨 3 圈。

c. 双划：领桨手推桨、跟桨手拨桨 3 圈 + 领桨手拨桨、跟桨手推桨 3 圈 + 领桨手拨桨、跟桨手拉（插）桨 3 圈 + 领桨手拉（插）桨、跟桨手拨桨 3 圈 + 领桨手压挡桨、跟桨手拨桨 3 圈 + 领桨手拨桨、跟桨手压挡桨 3 圈。

D. 成绩指标：速度。

4. 水感船感方面

(1) 水感（1 ~3 种泳姿）

A. 场地：泳池。

B. 要求：1 ~3 种泳姿。

(2) 船　感

A. 场地：缓流、激流。

B. 要求：各种玩浪动作：漂下、过浪、过门、小落差跳水。

(四) 各项考核的标准

不同年龄阶段的各项考核内容不同。

这里列出的 2009—2014 年期间激流回旋青少年运动员的测试结果，供教练员参考。更为系统的测试数据，还需要今后进行全面的收集和整理。

1. 身体素质方面的考核标准

（1）2014 年测试结果（素质六项）

2014 年 6 月全国激流回旋青少年训练营，进行了素质测试。参加者 11～18 岁青少年运动员共 84 人（8～10 岁者无）。除去为填写年龄、数据无效者，有效样本为 72 人。其中，男性 47 人，女性 25 人。实际测试结果如下。（表 3－8）

表 3－9　不同年龄、不同性别人数、实际素质测试结果（测试时间：2014 年 6 月）

n＝72

测试项目	年龄阶段	11～13 岁		14～15 岁		16～18 岁	
	性别	女	男	女	男	女	男
	人数	2	1	10	16	13	30
1 分钟背起（个）	平均值	64	66	73	67	65	72
	最高值	70	66	85	79	75	80
	最低值	58	66	59	39	52	45
1 分钟仰卧起坐（个）	平均值	53	46	53	55	56	62
	最高值	54	46	68	61	65	71
	最低值	52	46	40	47	48	45
1 分钟俯卧撑（个）	平均值	54	73	64	85	60	89
	最高值	67	73	78	119	95	95
	最低值	42	73	42	65	50	60
1 分钟引体向上（个）	平均值	12.5	31	22	32	24	40
	最高值	21	31	33	41	26	49
	最低值	4	31	10	24	9	22

续表

测试项目	年龄阶段	11～13 岁		14～15 岁		16～18 岁	
	性别	女	男	女	男	女	男
	人数	2	1	10	16	13	30
7 米×6 次折返跑（秒）	平均值	13″61	10″44	13″60	11″38	12″40	10″97
	最高值	14″16	10″44	13″69	12″75	14″38	11′29
	最低值	13″06	10″44	11″09	10″43	12″11	10′13
3000 米（分：秒）	平均值	14′26	13′30	14′35	12′16	14′55	12′12
	最高值	15′02	13′30	16′43	13′25	19′30	14′49
	最低值	13′50	13′30	12′56	11′35	13′07	10′18

（2）2009 年测试结果（2 分钟背起）

根据皮划艇协会官网的资料，2009 年全国皮划艇激流回旋青少年基本功（2 分钟单杠静拉引体），成绩公告如表 3－9。

表 3－10　2009 年全国皮划艇激流回旋青少年基本功成绩（2 分钟单杠静拉引体）

单位：个

小项	平均值	最高值	运动员	最低值	运动员
女子单人皮艇	24	33	李悦	11	陈振南
男子单人皮艇	32	46	冼小军	24	谢宏宇
男子单人划艇	32	46	张根源	11	冉青青
男子双人划艇	64	46	王晓东/叶泳涛	24	邓帅/李恒涛

（3）2009 年测试结果（6 千米长划）

根据皮划艇协会官网的资料，2009 年全国皮划艇激流回旋青少年基本功（6 千米长划），成绩公告如表 3－10。

表3－11　2009年全国皮划艇激流回旋青少年基本功成绩（6千米长划）

单位：分钟

	平均值	最快	姓名	最慢	姓名
女子单人皮艇	44：54.90	43：52.82	任烨	46：55.38	田莲佳
男子单人皮艇	42：59.00	41：06.51	范良金	46：15.47	陈瑶
男子单人划艇	46：13.56	43：55.11	王胜	49：22.98	冉青青
男子双人划艇	41：46.97	40：59.93	王晓东/叶泳涛	42：19.10	邓帅/李恒涛

2. 技术方面的考核标准

要达到世界顶尖水平，良好的划船技术是关键，因此必须通过对运动员划船技术和技能的系统评价并不断地加以完善。

（1）划船技术评价的基本方法和标准

①准备动作表现（静态）：身体舒适、紧密地坐、跪在船舱里，腰背直立，手臂自然下垂握桨，头部放平，目视前下方。

②动作的节奏表现：臂、肩、躯干的动作平稳，发力协调、充分，节奏鲜明、用力合理、有序有效转为划船动力。

③动作的空间表现：幅度大、高度合适、角度合适、力度适中、速度轻快、动作协调。

④划桨动作表现：手臂伸展开，用桨叶正面或背面接触水，上下肢、躯干协同发力，运桨实在。

⑤划桨效果表现：划桨动作平稳、轻快；划水满、牢、实、有效做功时间长；入水和出水干净利落，产生较少水花。

⑥整体运动效果：船艇运行平稳、方向直、姿态高漂、运行速度均匀快速。（前进、后退、旋转等）

（2）翻滚（皮、划）的考核标准

①身体和桨在水下要尽快达到适合发力的位置。

②躯干和手臂的协调配合。

③船体翻滚平稳。

（3）静水直划动作（皮、划）的考核标准

①皮艇技术评分要点

A. 保持腰背挺直，身体微前倾（5～15度）

B. 下方手自然伸直，桨叶完全入水后，上方手高度在眼睛高度持平，贴近船舷轻快入水，不能溅起水花。

C. 感觉抓到水后，开始用力向后划桨，全身协同发力，以腰背发力带动下方手的拉桨发力为主，推手为辅，快速在髋部出水，使船保持直线前行。

D. 保持船的平稳前进。

E. 动作原则：三度（腰背直立、划桨大幅度、深度适中、力度迅速）。

②皮艇技术评分等级（表3－12）

表3－12 激流回旋皮艇技术的评分等级

船的运行	优秀	左右稍有侧倾，前后基本无起伏，船头前进无偏移，船速均匀
	良好	左右侧倾较大，前后稍有起伏，船头前进稍偏移，船速较均匀
	及格	左右侧倾很大，前后起伏较大，船头前进有较大偏移，船速不太均匀
躯干动作	优秀	坐姿自然，桨叶入水时肩带转动达35～40度，桨叶入水后肩带转动25～35度，桨叶出水时肩带转动达20～30度
	良好	坐姿前倾太大，桨叶入水时肩带转动达25～35度，桨叶入水后肩带转动20～25度，桨叶出水时肩带转动小于20度
	及格	坐姿僵硬或后仰，桨叶入水时肩带转动小于25度，桨叶入水后肩带转动小于20度，桨叶出水时肩带转动小于30度
手臂动作	优秀	握桨宽度适宜，桨叶入水的手臂屈肘成175～180度，划水结束时，手臂屈肘为100～110度，推桨中肘同肩高，推桨臂匀速伸直
	良好	握桨太宽，桨叶入水时手臂屈肘成165～175度，划水结束时，手臂屈肘大于110度，推桨中肘低于肩，推桨臂加速伸直
	及格	握桨太窄，桨叶入水时小于165度，划水结束时手臂小于100度，推桨中肘高于肩，推桨开始肘即伸直

③ 划艇技术评分基本要点

A. 动作舒展、自然、连贯、协调和流畅。

B. 节奏明显，前伸幅度大，拉桨经济性和实效性好，保持稳定桨频。

C. 艇运行时上下起伏和左右晃动小，船速均匀。

D. 二直一松，即下方手臂拉桨，上方手臂要直臂顶住桨柄，头部要放松。

E. 三快一慢，即下桨、拉桨、出桨要快，回桨要慢。

④划艇技术评分细则

A. 采取正手划 3 桨，反手划一桨的技术动作进行。

B. 正手划桨，采取通过腰部用力，桨划 C 形划桨轨迹，入水轻快，转拨桨出水。

C. 正手划技术。

a. 入水阶段：入水时身体前倾，略转体，正常伸展，在船舷前侧入水，桨垂直于水平面，入水轻快。

b. 水中发力阶段：划桨发力阶段，以下肢静固定，腰背带动胳膊，带动手，带动桨进行发力，拉桨有力；桨从入水的垂直阶段逐步过渡到侧划水阶段；躯干以抬体为主，转体为辅进行发力。

c. 出水阶段：下方手划至髋部快速转拨桨出水。

d. 回桨阶段：下方手提桨肘微外展，上方手微压桨，桨叶离水面约 20 厘米的高度呈 C 弧度回至船舷前侧入水点。

D. 反手划桨，采取反手直划桨技术，身体充分向前伸展，入水轻快，出水快。

E. 控制船头下的正常幅度的划桨。

F. 桨入水轻快，划桨有力，出水快，不拖水。

G. 船平稳前进。

H. 动作原则：一立三度（腰背立、划桨大幅度、深度适中、力度迅速）。

（4）5 门×5 圈的考核标准

计圈数、划行时间，看划船姿态。

根据皮划艇协会官网的资料，2009 年全国皮划艇激流回旋青少年基本功（五门基本技术），成绩如表 3－13。

表 3－13　2009 年全国皮划艇激流回旋青少年基本功成绩（五门技术）

单位：秒

	平均值	最高值	姓名	最低值	姓名
女子单人皮艇	151.00	160.34	陈振南	146.19	李悦
男子单人皮艇	159.26	224.01	陈瑶	137	冼小军
男子单人划艇	186.55	327.2	冉青青	133.07	王胜
男子双人划艇	211.87	327.2	邓帅/李恒涛	137.00	王晓东/叶泳涛

3. 水感船感方面的考核标准

表 3－14 为激流回旋运动员水感船感的考核标准。

表 3－14　激流回旋运动员水感船感的考核标准

	9 岁以下	10～12 岁	13～15 岁	16～18 岁
内容	游泳、跳水	缓流玩浪：小落差跳水	简单激流玩浪：漂下、过浪、过门、	激流徒手横渡
标准	勇敢	亲水性	人船水合一	人船水桨合一

4. 身体功能方面（FMS）

2014 年 6 月全国激流回旋青少年训练营，进行了身体功能（FMS）测试。81 名运动员中有 78 人（男 51 人，女 27 人）参加了测试。测试内容有：深蹲、上踏步、直线弓箭步、肩关节灵活性、主动直腿抬高、躯干稳定性、旋转稳定性。测试结果如表 3－15。

表 3－15　FMS 各项目测试成绩的人数分布　（总人数：78）

项目	3 分		2 分		1 分		0 分	
	人数	百分比/%	人数	百分比/%	人数	百分比/%	人数	百分比/%
深蹲	48	62	29	37	1	1	0	—
上踏步	42	54	36	46	0	—	0	—
直线弓箭步	69	88	9	12	0	—	0	—
肩关节灵活性	55	71	17	22	5	6	1	1
主动直腿抬高	67	86	9	12	2	2	0	—
躯体稳定性	63	81	12	15	0	—	3	4
转体稳定性	25	32	53	68	0	—	0	—

（五）考核标准的使用说明（要说明考核目的是检验训练效果，而非对运动员法终结评价）

上述标准仅供参考。具体考核时，要适当调整，标准适宜。过高可能导致过度训练，过低完不成训练目标。

五、激流回旋青少年运动员的选材

（一）激流回旋青少年运动员选材的基本思路

运动实践中，选材的基本方法有经验选材、科学选材、综合选材。

（二）不同年龄阶段激流回旋青少年运动员选材的基本条件

对运动员观察 3 ~6 个月。（表 3－16）

表 3-16 不同年龄阶段激流回旋运动员的选材内容（观察期）

9 岁以下	10~12 岁	13~15 岁	16~18 岁
1. 有兴趣、身体健康 2. 对体育项目有自信 3. 父母支持 4. 吸收大量儿童，挑选一般天才运动员	1. 健康、更感兴趣 2. 选择项目的动机 3. 学习能力强，可见进步 4. 完成规范训练 5. 对成绩感兴趣	1. 健康 2. 兴趣、动机提高 3. 专项上有进步 4. 一般训练有进步 5. 负荷承受力增强	1. 专项训练目标明确 2. 训练和比赛的动机与自理能力有提高 3. 影响成绩的因素有提高 4. 负荷承受力提高 5. 专项成绩提高 6. 身体健康

（三）激流回旋运动员选材的基本内容

激流回旋青少年选材内容常用的有以下几个方面。

1. 形态方面

用于初次选材。

测量指标包括身高、体重、跪高、坐高、跪臂长（划艇）、前臂长、坐臂长（皮艇）；上臂紧张围、静胸围、髋围、左大腿围、右大腿围；臂展（指距）、前臂长、胸宽、胸厚、手掌长度、髋宽、肩宽；上臂皮脂、肩胛皮脂等等。

派生计算指标包括以下几方面。

（1）指间距 - 身高：反应上肢和身体的协调发育情况。

（2）髋宽/肩宽 ×100：发映人体两横轴之间的比例关系，较大更有利于船的稳定。

（3）胸厚 × 胸宽/100：反映出运动员胸廓的充实度。

（4）体脂百分比①：反映人体脂肪含量的指标。

2. 机能方面

血红蛋白：血红蛋白是反应有氧能力指标。

血清睾酮：反映潜在力量的大小。

心功指数：反映心脏承受负荷能力和恢复能力。

肺活量：反映人体生长发育水平的重要机能。

最大射氧量：反映人体有氧运动能力。高水平有氧运动能力的基础。

3. 身体素质

见表 3－17。

表 3－17　激流回旋运动员身体素质的选材内容

力量	仰卧起坐、背起 、俯卧撑、60 秒引体向上（单双臂）、卧推（测最大力量）、卧拉（测最大力量）、斜拉
耐力	长游，或长跑（2000 米、3000 米），或静水耐力长划
速度	短跑
灵活性	折返跑（7 米 * 6 次）、T 形跑
协调性	徒手操（测动作学习能力、协调性）
功能性力量（核心稳定性）	球上悬吊拉（测核心稳定的上肢力量耐力） 球上悬吊俯卧撑（测核心稳定的上肢力量耐力）

4. 技术能力

见表 3－18。

---

① 体脂百分比＝（常数 1/D－常数 2）×100。注：不同年龄、性别的常数不同。
D（体脂密度）＝系数 1－系数 2×X 注：不同年龄、性别的系数不同。
X＝肩胛皮脂＋上臂皮脂（mm）
体脂百分比＝｛常数 1/［系数 1 －系数 2（肩胛皮脂＋上臂皮脂）］－常数 2｝×100

表 3－18 不同年龄阶段激流回旋运动员技术内容的选材内容

9 岁以下	10～12 岁	13～15 岁	16～18 岁
1. 游泳能力 2. 陆上或船上动作的学习能力 3. 随意划：看划的感觉	1. 翻滚 2. 直划	1. 控船能力 2. 省运会成绩	1. 5 门×5 圈 2. 旋转（8～20 圈） 3. 省运会成绩

5. 心理能力

兴趣、动机、情绪控制能力、思维能力。

6. 水感、船感

各种玩浪动作：漂下、过浪、过门、小落差跳水。

人船水桨四者之间的关系。利用水。

（四）各项选材评价指标的基本测试方法

1. 主要身体形态指标的测试方法

见表 3－19。

表 3－19 主要身体形态指标及测试要求

指标	测试要求	仪器
1. 体重		体重秤
2. 身高	足跟、骶部及两肩胛间部与立柱相接触，头顶点至地面的垂直距离	直尺
3. 跪高	跪姿、躯干自然挺直、眼平视时，头顶点至跪板的垂直距离	
4. 跪臂长（划）	跪立时左右上肢上举，指尖点至地面的垂直距离	
5. 坐高	坐姿、躯干自然挺直、眼平视时，头顶点至坐板的垂直距离。应使骶部、两肩胛间部紧靠立柱	

续表

指标	指标含义与测试要求	仪器
6. 坐臂长（皮）	坐立时，左、右上肢上举，指尖点至地面的垂直距离	直尺
7. 臂展（指间距）	两上肢侧平举时，两指尖点间的直线距离	
8. 上臂围紧张	指屈肘时，上臂最粗处的围度	软尺
9～10. 大腿围	绕臀纹点水平（大腿根部）一周的长度。（左腿、右腿）	
11. 胸围	平衡呼气时，经胸中点、肩胛下角点绕胸一周的长度	
12. 胸厚	平衡呼气时，沿胸中点水平，胸前后壁正中线间的直线距离	脚规
13. 胸宽	两臂外展 60 度，平稳呼气时，沿胸中点水平胸左右壁的直线距离	
14. 髋宽	两侧髂嵴点间的直线距离	
15. 肩宽	两肩峰点间的直线距离	
16. 前臂长	桡骨点至桡侧茎骨点的直线距离	中马丁尺
17. 手长	五指并拢伸直时，腕纹点至指尖点的直线距离	游标卡尺
18～19. 皮脂	褶厚度法。测 2 次，求均值 部位：（1）右上臂后部中间皮脂；（2）肩胛下侧 1 厘米皮脂	皮脂钳
20. 体脂	体脂计算方法：带入计算公式	计算公式

注意事项：

（1）受试者须知：①测坐高、跪高时，取坐姿和跪姿，其它取直立姿势，并注意保持耳眼水平位。②受试者，男性上身裸露，下着短裤，赤足；女性上着背心，下着短裤，赤足。

（2）测试者须知：①测试双部位时，选择受试者右侧肢体。②测量前及测量过程中要校正仪器，确保测量精度。③测量长、宽、围度时以厘米为单位，皮脂厚度以毫米为单位，体重以千克为单位，读数保留一位小数点。④重复测量时，较长身体部位的误差不能超过 0.5 厘米，其他不能超过 0.2 厘米；体重测量误差不能超过 0.1 千克。

2. 心功指数测试方法

（1）测试仪器：秒表、节拍器。

（2）测试方法：受试者安静 5 分钟，测试 15 秒心率（p1）。

（3）跟着节拍 30 秒，蹲起 30 次，立刻测试 15 秒心率（P2）。

（4）1 分钟后，测试 15 秒心率（P3）。

（5）3 次心率［（P1 + P2 + P3）×4 - 200］/10，即心功指数。

3. 血红蛋白、血清睾酮测试方法

（1）晨起空腹采集静脉 2ml。

（2）测试仪器：血常规生化管、采血针及消毒用品。西门子血常规分析仪。

4. 肺活量测试方法

（1）测试仪器：肺活量计。

（2）方法：一次尽力吸气后，再尽力呼出气体。

附：体脂计算方法

将测得的皮褶厚度数值代入公式“人体密度回归方程”计算人体密度。

表 3 - 20 不同年龄阶段人体密度计算

年龄（岁）	男子	女子
9 ~ 11	D = 1.0879 - 0.00151X1	D = 1.0794 - 0.00142X1
12 ~ 14	D = 1.0868 - 0.00133X1	D = 1.0888 - 0.00153X1
15 ~ 18	D = 1.0977 - 0.00146X1	D = 1.0931 - 0.00160X1
成人	D = 1.0913 - 0.00116X1	D = 1.0897 - 0.00133X1

注：表中 D 为体密度，X1 为肩胛部与臂部的皮褶厚度之和。

（五）不同年龄阶段激流回旋运动员各项选材评价指标的标准

2014 年 10 月全国激流回旋锦标赛期间，为报名参赛的运动员进行了形态和机能测试。

1. 形态测试

（1）测试对象

参加测试者共 103 人，符合年龄要求（18—18 岁）的有效样本为 72 人。其中男子 50 人，女子 22 人。最小年龄为 11 岁。

（2）测试指标

本次共测量了 19 个形态指标，其中有体重；高度测量指标有 5 个：身高、跪高、坐高、跪臂长、坐臂长；长度指标有 3 个：指间距、手掌长度、前臂长；宽度指标有 4 个；肩宽、胸宽、胸厚、髋围；围度指标有 4 个：上臂紧张围、胸围、左右大腿围；厚度指标 2 个：上臂皮脂、肩胛皮脂。

经过统计，产生 4 个派生指标：体脂百分比；指间距 - 身高；髋围/肩宽；胸宽 × 胸径。

（3）测试结果

实际测量结果列于表 3 - 21。

表3-21 不同年龄、不同性别人数、实际形态测试结果（平均值）

单位：厘米

年龄阶段	11～13岁		14～15岁		16～18岁		总计
性别	女	男	女	男	女	男	
人数	1	0	10	8	11	42	72
身高	169	—	162.7	174.6	166.4	174.5	
体重	56.8	—	56.7	68.6	60.7	66.9	
跪高	165.5	—	122.9	130.4	125.2	128.3	
坐高	87	—	87.4	91.2	88	91.6	
跪臂长（划）	—	—	—	178.9	—	179.6	
坐臂长（皮）	136.4	—	132.1	139.2	132.8	140	
上臂紧张围	28.7	—	29.1	33.1	30	32.5	
静胸围	84.8	—	90.5	96.2	91.7	95.4	
髋围	32.2	—	30.5	32.3	32.3	31.9	
左大腿围	51.1	—	51.4	52.7	52.3	51.7	
右大腿围	51.6	—	51.6	52.8	52.4	52	
指间距	171.3	—	167.8	179.1	169.7	180.6	
前臂长	45.4	—	43.3	47.1	44	46.9	
胸宽	25.4	—	26.2	29.1	27.3	28.9	
胸厚	15.6	—	17.4	19.2	18	20.5	
手掌长度	18.2	—	17.8	18.8	18	19	
上臂皮脂	9.7	—	9.1	4.99	10.5	5.12	
肩胛皮脂	19.2	—	16.3	9.34	17.2	9.29	
肩宽	36.2	—	37.1	39.8	37.7	40.7	
体脂百分比	23.3	—	20.2	10.22	21.5	10.27	
指间距-身高	2.3	—	5.09	4.53	3.26	6.21	
髋宽×100/肩宽	89	—	82.2	81.1	85.8	78.4	
胸宽×胸径/100	3.96	—	4.55	5.01	4.92	5.89	

2. 机能测试

(1) 测试对象

参加测试者共45人，均为2014年冠军赛前8名获得者。其中男子32名，女子13人。最小年龄为14岁。

(2) 共测试两项机能指标

①血红蛋白（Hb）g/dL（反应有氧能力）。

②血清睾酮（T）ng/dl（反映潜在力量）。

(3) 实际测试结果

见表3-22。

表3-22 不同年龄、不同性别人数、实际机能测试结果（平均值、最大值、最小值） N=45

测试指标	年龄阶段	14~15岁		16~18岁	
	性别	女	男	女	男
	人数	10	6	3	26
血红蛋白（Hb）g/dL	平均值	12.75	15.08	14.2	15.93
	最大值	14.30	17.30	14.8	17.6
	最小值	7.9	10.90	13.4	14.4
血清睾酮（T）ng/dl	平均值	54.82	621.30	63.2	695.98
	最大值	69.02	797.32	75.94	1097.19
	最小值	38.26	373.05	54.60	497.36

结果显示：

①血红蛋白，16~18岁，男子平均为15.93g/dl，女子为14.2g/dl。14~15岁，男子平均水平为15.08g/dl，女子为12.75g/dl。正常成年人，男子平均为12.0~16.0g/dl，女子为11.0~16.0g/dl。

②血清睾酮，16~18岁，男子平均水平为659.98ng/dl，女子为

63.2ng/dl。14～15 岁，男子为 621.30ng/dl，女子为 12.75ng/dl。

3. 技术测试

1～3 个月试训。

	9 岁以下	10～12 岁	13～15 岁	16～18 岁
随意划	看划的感觉	—	—	—
徒手操	看学习能力	—	—	—
翻滚、直划	—	看效果	—	—
控船能力	—	—	—	—
5 门×5 圈	—	—	*	*
旋转	—	—	*	*
省运会成绩	—	—	*	*

（四）选材指标的使用说明

初级选材应该选择遗传度较大的指标，之后的选材要考虑与训练相结合。在上述激流回旋青少年选材内容常用中，实际使用时，教练员根据具体情况，可以从中选用。

主要参考文献

[1] 田麦久，刘大庆. 运动训练学［M］. 北京：人民体育出版社，2012.

[2] 李欣. 皮划艇激流回旋专项竞技能力及训练方法［M］. 北京：人民体育出版社，2013.

[3] 中国游泳协会. 游泳年龄组教学训练大纲［M］. 北京：人民体育出版社，2006.

[4] 国家体育总局竞技体育司. 全国青少年奥运项目教学训练大纲. 2008.